DR. BECKY CAMPBELL

HISTAMININTOLERANZ HEILEN

DR. BECKY CAMPBELL

HISTAMININTOLERANZ HEILEN

Der wirksame 4-Phasen-Plan bei Migräne, Ekzemen, Schwindel, Allergien und vielem mehr

Impressum

Dr. Becky Campbell
HISTAMININTOLERANZ HEILEN
Der wirksame 4-Phasen-Plan bei Migräne, Ekzemen, Schwindel, Allergien und vielem mehr
1. deutsche Auflage 2022
2. deutsche Auflage 2023
3. deutsche Auflage 2025
ISBN 978-3-96257-265-5

Titel der Originalausgabe:
The 4-Phase Histamine Reset Plan
Getting to the Root of Migraines, Eczema, Vertigo, Allergies and More

Dieses Werk wurde im Auftrag von Page Street Publishing Co. durch die Literarische Agentur Thomas Schlück GmbH, 30161 Hannover, vermittelt.

Übersetzung aus dem Englischen: Elisabeth Möller-Giesen
Layout: Meg Baskis
Satz: Linda Brummack
Food styling: © Stacey Stolman
Coversatz und Layout: Narayana Verlag
Fotografien: © Libby Volgyes

Herausgeber:
Unimedica im Narayana Verlag GmbH, Blumenplatz 2, D-79400 Kandern
Tel.: +49 7626 974 970-0
E-Mail: info@unimedica.de
www.unimedica.de

WIDMUNG

Dieses Buch ist dem Andenken an Yasmina Ykelenstam von *Healing Histamine* gewidmet, die uns auf Erden zu früh verlassen hat. Sie war eine sehr kluge und mutige Frau, die so viel getan hat, um anderen zu helfen, die unter Histaminintoleranz und dem Mastzellaktivierungssyndrom (MCAS) gelitten haben.

Inhalt

Eins

Zwei

Drei

Vier

Fünf

Rezepte

GRUNDVORRÄTE

HISTAMINARME MAYONNAISE
SEITE 64

GRÜNKOHL-PESTO
SEITE 68

TIGERNUSS-BUTTER
SEITE 72

BLAUBEERGELEE
SEITE 76

FRÜHSTÜCK

APFELBROT
SEITE 80

CHIA-PUDDING À LA „PEANUT BUTTER AND JELLY SANDWICH“
SEITE 83

EIER MIT PFIFF AUF GRÜNEM BLATT-GEMÜSE
SEITE 84

GRÜNKOHL-SÜSSKARTOFFEL-MUFFINS
SEITE 87

SÜSSKARTOFFELSUPPE MIT GEFLÜGELWURST UND PALMKOHL

SEITE 92

ARTISCHOCKENSUPPE

SEITE 95

LAMM-BURGER MIT ROSMARIN UND KNOBLAUCH

SEITE 96

HÄHNCHEN-MANGO-SALAT

SEITE 99

MITTAGESSEN

HÜHNER-„NUDEL"-SUPPE MIT SALBEI

SEITE 100

WRAP MIT GRÜNKOHL-GEFLÜGEL-PATTY

SEITE 103

BLATTKOHL-WRAPS MIT HÄHNCHEN UND PESTO

SEITE 107

TRUTHAHN-BURGER MIT THYMIAN UND OREGANO

SEITE 108

SCHWEINEMEDAILLONS MIT ROSENKOHL UND KAROTTEN

SEITE 111

HONIG-KNOBLAUCH-HÄHNCHEN

SEITE 112

BRATHÄHNCHEN AUS DEM INSTANT POT MIT BLUMENKOHLPÜREE UND SOSSE

SEITE 116

SESAM-INGWER-HÄHNCHEN-TACOS IN JICAMA-SCHALEN

SEITE 119

ABENDESSEN

SCHWEINEKOTELETT MIT FENCHEL, ZWIEBEL UND BIRNE

SEITE 122

PFANNENGERICHT MIT HUHN, SÜSSKARTOFFEL, APFEL UND BROKKOLI

SEITE 126

KOHL-HACK-FLEISCH-PFANNE

SEITE 129

POCHIERTES HÄHNCHEN UND GRÜNE BOHNEN IN INGWER-BRÜHE

SEITE 130

BEILAGEN

GETRÄNKE UND DESSERTS

CREMIGER MANGO-SMOOTHIE
SEITE 150

OVERNIGHT KIRSCH-CHIA-SMOOTHIE
SEITE 153

APFEL-KAROTTEN-INGWER-SAFT
SEITE 154

GEMÜSE-BIRNEN-SAFT
SEITE 157

DRESSINGS

ROSMARIN-SHORTBREAD
SEITE 158

APFELKUCHEN MIT KNUSPERKRUSTE
SEITE 161

BIRNEN IN VANILLESIRUP
SEITE 162

ANTIHISTAMINISCHE INGWER-COOKIES
SEITE 165

VORWORT

Am Anfang ist es einfach nur ärgerlich. Sie versuchen, es zu ignorieren. „Es sind nur Kopfschmerzen." Schon wieder. Es lohnt nicht, sich die Zeit zu nehmen und sich damit zu beschäftigen, woher sie kommen. Definitiv muss man deswegen nicht zum Arzt.

Dann fangen Sie an, zusätzlich zu Ihren Kopfschmerzen ein weiteres Symptom wahrzunehmen: „Ich kann nicht einschlafen." Das ist keine einmalige Sache. Es passiert immer öfter, aber so willkürlich, dass Sie die Ursache gar nicht erkennen können. Ein paar Monate später stellen Sie fest: „Mein Ekzem flackert auf", zusammen mit… „Diese Mückenstiche jucken wie verrückt."

Ein Jahr vergeht und Sie ertappen sich dabei, wie Sie sich gegenüber einem Freund beklagen: „Warum kann ich nicht ein einziges Glas Wein genießen? Ich fühle mich furchtbar danach!" Erstaunlicherweise sagt Ihr Freund, dass er mit genau den gleichen Dingen zu kämpfen hat! Er fühlt sich genauso hilflos wie Sie. Schließlich sind Sie mit Ihrem Latein am Ende und gehen zum Arzt.

Und wie geht es für Sie weiter? Sie versuchen es bei einem anderen Arzt. Und noch einem. Von Steroiden zu Antibiotika. Zu Steroiden UND Antibiotika. Keine Linderung. Tatsächlich geht es Ihnen noch schlechter.

Sie hören etwas von ganzheitlicher Medizin und versuchen es bei einem naturheilkundlichen Arzt – kein Glück. Sie versuchen es bei einem Arzt für funktionelle Medizin – auch kein Glück. Sie versuchen es mit Akupunktur – kein Erfolg. Sie versuchen alles, von Probiotika über Fischöl und Vitamin D bis hin zu einem Multivitaminpräparat. Ihre Regale sehen aus, als könnten Sie eine Apotheke führen. Es geht Ihnen ein bisschen besser, aber Sie kämpfen immer noch.

Frustriert von all den Ärzten, wenden Sie sich an Foren in den sozialen Medien. Vielleicht haben Sie auf diese Weise von diesem Buch erfahren. Lassen Sie mich Ihnen gleich versichern, dass Sie in guten Händen sind! Wenn Sie mit dem Gedanken spielen, es zu kaufen, kaufen Sie es. Mir ging es genauso wie Ihnen jetzt: Ich hatte eine Fülle von merkwürdigen, scheinbar disparaten Symptomen, die wahllos auftraten, zwar keinen Arztbesuch erforderten, aber die Qualität meines Lebens beeinträchtigten. Willkommen bei einem der am schnellsten wachsenden, nicht diagnostizierten Probleme unserer Zeit: Histaminintoleranz.

Wussten Sie, dass es im Durchschnitt etwa zehn Jahre dauert, bis bei jemandem eine Histaminintoleranz diagnostiziert wird?! Bei mir hat es etwa 35 Jahre gedauert. Meine Histaminintoleranz-Symptome waren unter anderem:

- Nasenbluten
- Gereiztheit
- Einschlafschwierigkeiten
- Kopfschmerzen
- Ekzem
- Schweißfüße (eklig)
- Starkes Schwitzen beim Sport
- Hoher Ruhepuls (etwa 70, selbst als ich fit war; jetzt ist er 48)
- Extrem juckende Mückenstiche

- Rote Flecken an den Händen bei Kontakt mit Hausstaubmilben
- Ständiges Hitzegefühl

Diese Symptome sind alle verschwunden – das ist die gute Nachricht! Die schlechte Nachricht? Sie können ziemlich schnell zurückkommen, und manchmal tun sie das auch. Aber ich weiß jetzt, dass ich genetisch anfällig für eine Histaminintoleranz bin, und ich verstehe, warum mein Histaminspiegel ansteigt und was ich dagegen tun kann, sodass ich mich wieder auf den richtigen Weg machen kann.

Es ist nicht möglich, etwas zu reparieren, von dem man nicht weiß, dass es geschädigt ist. Aber mit Dr. Campbells Buch in den Händen werden Sie alles erfahren, was mit einer Histaminintoleranz zusammenhängt. Es wird eine Menge Arbeit sein, eine schnelle Lösung gibt es hier nicht. Es liegt an Ihnen, das umzusetzen, was Sie auf diesen Seiten lesen werden. Vertrauen Sie dem Prozess und bleiben Sie dabei. Sie werden auf jeden Fall ein Leben ohne Histaminintoleranz erleben! Dr. Campbell wird einige ihrer Tricks mit Ihnen teilen und sie wird ein paar von meinen weitergeben. Gemeinsam stärken wir Ihnen den Rücken!

—DR. BEN LYNCH
Gründer und Präsident von *Seeking Health*, www.seekinghealth.com

EINLEITUNG

DIE GESCHICHTE MEINER HISTAMININTOLERANZ

Da wir diese Reise gemeinsam beginnen, möchte ich Sie wissen lassen, dass mich dieses Thema genauso persönlich betrifft, wie es für Sie der Fall sein mag.

Diejenigen von Ihnen, die bereits durch mein erstes Buch „The 30-Day Thyroid Reset Plan“ ein wenig über meine Geschichte wissen, werden sich daran erinnern, dass ich viele Jahre lang unter Schilddrüsenproblemen gelitten habe, verursacht durch Darmprobleme, Schwermetalle und Viren. Aber die meisten wissen nicht, dass eines meiner wichtigsten Probleme – zusätzlich zu meinen Schilddrüsensymptomen und meinem allgemein schlechten Gesundheitszustand – das Mastzellaktivierungssyndrom (MCAS) und damit verbunden eine Histaminintoleranz war. Wie Sie in diesem Buch erfahren werden, sind Mastzellen (weiße Blutkörperchen) für die Freisetzung von Histamin verantwortlich. Das ist nichts Schlimmes, es sei denn, Ihr Körper ist nicht in der Lage, das Histamin richtig abzubauen, oder die Mastzellen produzieren mehr Histamin, als Ihr Körper verarbeiten kann, was bei MCAS der Fall ist.

Als Kind hatte ich eine schreckliche Hitzeintoleranz. In der Sonne wurde ich oft ohnmächtig und ich bekam aus heiterem Himmel einen Hautausschlag. Wenn ich bestimmte Lebensmittel aß, die einen hohen Histamingehalt haben, wie zum Beispiel gereiftes („age“) Fleisch, Essiggurken, gereifter Käse, Zitrusfrüchte und andere Lebensmittel, die wir in diesem Buch behandeln werden, kribbelte meine Kopfhaut und eine schwere Müdigkeit überkam mich. Später erlebte ich auch sich allmählich verschlimmernde Symptome wie Migräne, Schwindel, Herzklopfen, Angst- und Panikattacken, Sodbrennen, eine Hauterkrankung namens seborrhoische Dermatitis sowie niedrigen Blutdruck. Diese Symptome verschwanden nie.

In meinen frühen Zwanzigern, als bei mir die Schilddrüsen- und Darmprobleme am schlimmsten waren, reagierte mein Körper tatsächlich fast auf jedes Lebensmittel negativ, das ich zu mir nahm. Dennoch erfolgte die Diagnose einer Histaminintoleranz erst fast ein Jahrzehnt später.

Glücklicherweise verbesserte sich meine Situation erheblich, als bei mir eine Schilddrüsenunterfunktion, ein überhöhter Cortisolspiegel und Darmprobleme wie Leaky Gut, Candida und Parasiten diagnostiziert wurden. Dank der funktionellen Medizin war ich in der Lage, meinen Darm zu heilen, meine Schilddrüsen- und Nebennierenhormone ins Gleichgewicht zu bringen sowie eine viel größere Vielfalt an Lebensmitteln zu essen. Dennoch hatte ich immer noch seltsame Symptome wie Migräne, die sich jahrelang niemand erklären konnte.

Erst als ich 32 Jahre alt war und bei einem Arzt für funktionelle Medizin etwas über Histaminintoleranz erfuhr, fing ich endlich an, das Puzzle zusammenzusetzen. Es führte zu einer lebensverändernden Diagnose: Ich erkannte, dass meine Symptome und Nahrungsmittelempfindlichkeiten durch eine Histaminintoleranz ausgelöst wurden, die durch einige genetische Mutationen wie Methylen-Tetrahydrofolat-Reduktase (MTHFR), Probleme mit der Methylierung und andere zugrunde liegende Ursachen, die wir in diesem Buch besprechen werden, hervorgerufen wurde. Von da an begann ich, den in diesem Buch beschriebenen Plan zu befolgen und weiter an meiner Gesundheit zu arbeiten; mittlerweile kann ich die meisten Lebensmittel ohne jegliche Probleme essen. Ein Großteil der Symptome, unter denen ich litt, ist verschwunden und ich führe im Alltag ein ziemlich normales Leben.

Mit der Lektüre dieses Buchs werden Sie herausfinden, welche Lebensmittel Ihrem Körper Probleme bereiten, sodass auch Sie die Liste der zu meidenden Lebensmittel auf eine Handvoll reduzieren können und Linderung von den rätselhaften und lähmenden Symptomen der Histaminintoleranz erleben. Sie werden auch erfahren, was die Ursache für Ihre Probleme mit Histamin sein könnte und wie Sie Ihren Körper mit meinem 4-Phasen-Plan unterstützen können.

Ich habe viele Patienten mit einer Histaminintoleranz, die sich auf verschiedene Arten äußert. Damit Sie sehen, wie unterschiedlich sich Histaminintoleranz bei verschiedenen Personen auswirken kann, werde ich Ihnen hier kurz von drei meiner Patienten berichten.

PATIENTENGESCHICHTEN

JAMES, 34 JAHRE

Als ich James zum ersten Mal traf, litt er unter dreiundzwanzig Migräneanfällen pro Monat. James war bei mehreren Migränespezialisten in Behandlung gewesen. Sie hatten ihm Migränemedikamente verschrieben wie Topiramat und Sumatriptan. Leider halfen sie ihm nicht. In der Tat ging es James immer noch schlecht, sodass er ein- oder zweimal täglich etwa vier Ibuprofen-Tabletten einnahm, um irgendwie mit den Schmerzen fertig zu werden. James klagte auch darüber, dass er sich nach dem Verzehr bestimmter Lebensmittel sehr müde fühlte, aber er konnte nicht genau sagen, welche ihn beeinträchtigten.

Ich vermutete sofort eine Histaminintoleranz, also setzte ich ihn für 30 Tage auf eine strikte histaminarme Diät. Außerdem unterstützten wir seine Leber mit dem Nahrungsergänzungsmittel Optimal Reset Liver Love. Zusätzlich empfahl ich ihm die Einnahme eines histaminunterstützenden Nahrungsergänzungsmittels namens Histo Relief, während ich einige Tests durchführte, um die zugrunde liegenden Auslöser seiner Histaminintoleranz herauszufinden (wir werden in späteren Kapiteln über diese Produkte sprechen).

James reagierte positiv auf die Veränderungen. Seine Kopfschmerzen gingen innerhalb der ersten zwei Wochen um 75 Prozent zurück und die Müdigkeit, unter der er gelitten hatte, war dank der Ernährungsumstellung komplett verschwunden.

Als die Testergebnisse aus dem Labor zurückkamen, entdeckten wir auch, dass er unter einer bakteriellen Falschbesiedlung des Dünndarms (SIBO) litt. Wir arbeiteten 60 Tage lang mit antimikrobiellen Nahrungsergänzungsmitteln daran. Danach konnte er damit beginnen, wieder mehr histaminreiche und histaminfreisetzende Lebensmittel in seine Ernährung aufzunehmen, ohne dass es zu negativen Auswirkungen kam.

James muss sich immer noch von einigen histaminreichen Lebensmitteln fernhalten, wie zum Beispiel von gereiftem („aged") Fleisch und fermentierten Lebensmitteln, aber ihm gefällt es, sich hauptsächlich nach Paleo-Art zu ernähren und fühlt sich damit viel besser. Er muss keine Medikamente einnehmen und hat nur wenige bis gar keine Migräneanfälle mehr pro Monat.

JANET, 48 JAHRE

Janet kam zu mir und klagte über Müdigkeit und Schwindel sowie über Ekzeme am ganzen Körper, besonders an den Fußsohlen. Durch das Ekzem konnte sie schlecht laufen und war nicht in der Lage, viele der Dinge zu tun, die für die meisten von uns im Alltag selbstverständlich sind. Sie wurde mehrfach mit Steroiden behandelt, um das Ekzem in den Griff zu bekommen, erfuhr aber nur wenig bis gar keine Linderung.

Janet wusste auch nicht, dass jedes Mal, wenn sie die Steroide einnahm, ihr Cortisolspiegel (Stresshormon) weiter anstieg. Das war der Moment, an dem ihre Müdigkeit wirklich zu einem Problem wurde. Sie bemerkte auch, dass sie am Bauch an Gewicht zunahm, ohne dass dies durch eine Ernährungsumstellung ausgelöst wurde.

Da ich selbst mit einem Hautproblem (seborrhoische Dermatitis) zu kämpfen hatte, das mit einer Histaminintoleranz zusammenhing, und ich viele andere Patienten mit der gleichen Reaktion gesehen hatte, wusste ich, dass die Histaminintoleranz höchstwahrscheinlich die Ursache ihrer Symptome war. Ich begann bei Janet mit einer strengen Version der histaminarmen Diät (nur Lebensmittel auf der Ja-Liste, Seite 53), denn wir mussten ihr System schnell beruhigen. Als nächstes kümmerte ich mich um ihre Leber. Das mache ich bei allen Patienten, weil die Leber eine essentielle Aufgabe hat, aber bei Janet war das noch wichtiger. Wenn die Leber nicht in der Lage ist, effektiv Giftstoffe aus dem Körper auszuscheiden, übernimmt dies die Haut. Das ist häufig bei Menschen mit Hautproblemen wie Ekzemen, Schuppenflechte und anderem der Fall.

Ich wusste, dass bei Janets Behandlungsplan neben dem strikten Verzicht auf histaminreiche Nahrungsmittel eine langfristige Unterstützung der Leber unerlässlich sein würde. Als ich ihre Testergebnisse erhielt, erfuhr ich, dass sie unter dem Leaky-Gut-Syndrom, Parasiten und SIBO litt. Ich muss sagen, dass mich diese Ergebnisse überhaupt nicht überraschten. Janet hatte auch einen sehr hohen Cortisolspiegel, von dem ich annahm, dass er die Ursache für ihre Müdigkeit und Gewichtszunahme war.

Wir arbeiteten mit einer 90-tägigen antimikrobiellen Nahrungsergänzung an Janets Darm, gefolgt von einer monatelangen Darmsanierung (Ultimate Gut Support). Janet war schließlich in der Lage, Lebensmittel von der Vielleicht-Liste (Seite 53) und sogar einige von der Nein-Liste (Seite 53) ihrer Ernährung hinzuzufügen. Zusätzlich zu diesen Veränderungen musste sie daran arbeiten, ihr Stressniveau zu reduzieren. Ich führte sie durch einige der Techniken, die ich Ihnen in diesem Buch detailliert erläutern werde. Meiner Meinung nach ist die Bewältigung von Stress und das Trainieren der inneren Einstellung eine der wichtigsten Techniken zur Heilung Ihres Körpers.

JENNIFER, 39 JAHRE

Als Jennifer zu mir kam, litt sie unter Herzklopfen, Schwindel und Nesselsucht, die wie aus heiterem Himmel auftauchte. Außerdem hatte sie das Gefühl, dass ihr Hals anschwoll, wenn sie bestimmte Lebensmittel aß, die sie aber nicht immer genau zuordnen konnte. Sie berichtete außerdem, dass ihre Haut sich manchmal so anfühlte, als ob etwas darüber krabbeln würde, was ein wenig beängstigend ist, wie ich selbst am eigenen Leib erlebt habe.

Ich hatte nicht nur den Verdacht, dass bei Jennifer eine Histaminintoleranz vorlag, sondern auch, dass ihre Histaminintoleranz durch MCAS ausgelöst wurde. Einer der Hauptgründe für meine Vermutung war, dass sie diese Symptome schon so lange hatte, wie sie sich erinnern konnte, was normalerweise ein deutliches Zeichen dafür ist, dass wir es mit MCAS zu tun haben (wir werden später im Buch noch viel genauer darauf eingehen). Bei einer Histaminintoleranz gibt es normalerweise eine Handvoll Auslöser, aber bei MCAS gibt es mehr als zweihundert, sodass es sehr viel schwieriger sein kann herauszufinden, was die Hauptursachen sind.

Jennifer litt auch an einer Intoleranz gegenüber extremen Wetterverhältnissen (Hitze oder Kälte), was ebenfalls ein wichtiger Hinweis darauf ist, dass MCAS vorliegt. Bei ihr musste ich von Anfang an etwas detailliertere Tests durchführen. Neben der Einführung einer histaminarmen Diät und dem Testen ihres Darms und Hormonspiegels wollte ich auch sehen, ob sie irgendwelche chronischen Viren oder Schwermetallvergiftungen hatte und ob es möglicherweise Schimmel in ihrem Haus oder ihrem Arbeitsumfeld gab.

Es stellte sich heraus, dass all diese Dinge gegen sie arbeiteten und sie deshalb so heftige Reaktionen zeigte. Es dauerte etwas länger als bei den anderen beiden Patienten, über die wir gesprochen haben, bis es Jennifer besser ging, aber sie wurde gesund und ist jetzt stabil. Aus diesem Grund gehe ich in diesem Buch so detailliert auf die Hauptaspekte ein, auf die man achten muss, wenn durch eine histaminarme Diät allein die meisten Symptome nicht beseitigt werden.

Dr. Becky Campbell

Eins

EINFÜHRUNG ZU HISTAMIN **UND HISTAMININTOLERANZ**

WAS IST HISTAMIN?

Histamin ist ein von Ihrem Körper produzierter Botenstoff mit einer Reihe verschiedener Funktionen; seine Hauptfunktion besteht jedoch darin, Ihrem Körper zu helfen, Allergene loszuwerden. Histamin bildet einen Teil des körpereigenen Abwehrsystems. Sie haben wahrscheinlich schon einmal gehört, dass Histamin im Zusammenhang mit Allergien und allergischen Reaktionen erwähnt wird. Vielleicht haben Sie auch irgendwann in Ihrem Leben ein Antihistaminikum eingenommen – Medikamente wie Benadryl, Zyrtec, Claritin oder Allegra (u. v. a. mit Wirkstoffen wie Diphenhydramin, Cetirizin, Loratadin und Fexofenadinhydrochlorid) sind gängige Mittel zur Linderung saisonaler allergischer Reaktionen.

Wenn Sie unter saisonalen Allergien leiden, kommen die Symptome von einer Entzündungsreaktion, die von der Histaminfreisetzung herrührt. Denn die bei der Histaminfreisetzung verursachte Entzündung dient dazu, den Körper vor möglichen Krankheitserregern zu warnen. Tatsächlich ermöglicht es Histamin unseren weißen Blutkörperchen, Krankheitserreger, Viren und Allergien zu finden und anzugreifen, indem es die Blutgefäße anschwellen lässt. Wenn Sie nicht histaminintolerant sind, ist dies ein natürlicher Teil der Immunreaktion des Körpers. Enzyme bauen später das Histamin ab, um zu verhindern, dass es sich ansammelt und Krankheiten verursacht.

Histamin ist durch die Magensäure an der Verdauung sowie am zentralen Nervensystem beteiligt, wo es als Neurotransmitter fungiert, der Signale zwischen dem Körper und dem Gehirn weiterleitet. Im Körper wird Histamin von verschiedenen Immunzellen, einschließlich Basophilen, Eosinophilen und Mastzellen produziert. Es kommt auch in der Nahrung in Form der Aminosäure Histidin vor, die vor allem in fermentierten Lebensmitteln enthalten ist.

WENN HISTAMIN ZUM PROBLEM WIRD

Histamin kann zu einem Problem werden, wenn es sich anreichert. Dies geschieht möglicherweise, wenn der Körper unter Stoffwechselstörungen leidet, wie zum Beispiel einem Defekt in enzymproduzierenden Genen, die es dem Körper erschweren, Histamin auf die richtige Weise abzubauen und zu verstoffwechseln. Falls dies passiert, kann Histamin viele verschiedene Bereiche beeinflussen, einschließlich Gehirn, Darm, Lunge und Herz-Kreislauf-System, und eine Reihe von unerwünschten Symptomen verursachen.

REZEPTOREN IM KÖRPER

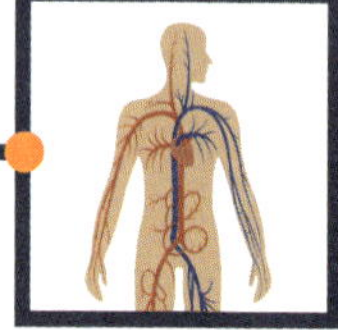

Das Immunsystem (H1 Rezeptor)

Histamin löst eine Vasodilatation (Erweiterung der Blutgefäße) aus.

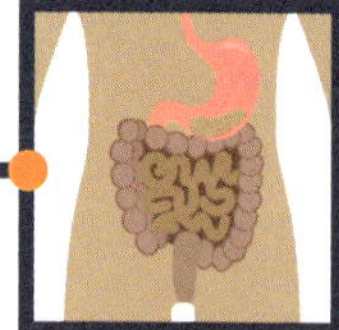

Der Magen (H2 Rezeptor)

Histamin beeinflusst die Funktion der Salzsäure (beim Verdauungsprozess).

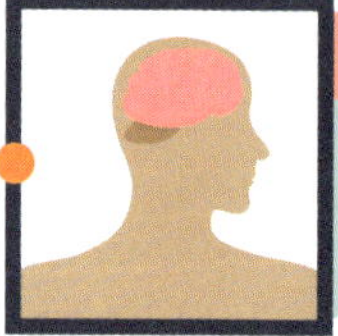

Das Gehirn (H3 Rezeptor)

Histamin fungiert als Neurotransmitter, indem es Informationen bezüglich Schlaf, Appetit und Verhalten an alle Bereiche des Gehirns weiterleitet (das ist ein positiver Aspekt).

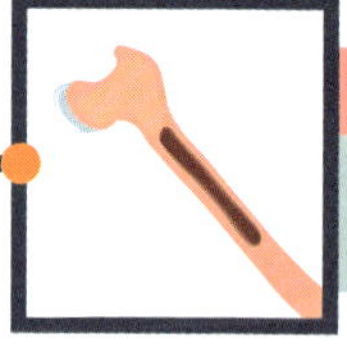

Knochenmark & LEUK (H4 Rezeptor)

Diese Rezeptoren finden sich auch im Dick- und Dünndarm, in der Leber, Lunge, Milz, Thymusdrüse und Luftröhre sowie in den Hoden und Rachenmandeln.

HISTAMIN

ABBAU

DAO HNMT

Histamin kann mithilfe des Enzyms Diaminoxidase (DAO) oder des Enzyms Histamin-N-Menthyltransferase (HNMT) abgebaut werden.

DIE SCHLÜSSELROLLE DER ENZYME

Es gibt viele für die einzelnen Körperbereiche spezifische Enzyme, die am Abbau von Histamin beteiligt sind. Im Verdauungssystem geschieht dies zum Beispiel durch Diaminoxidase (DAO). DAO ist ein wichtiger Bestandteil des Histamin-Stoffwechsels und trägt zu einem ausgeglichenen Histaminspiegel im Körper bei.

In der Wirbelsäule, den Nieren, der Leber, der Lunge und einigen anderen Bereichen wird Histamin durch Histamin-N-Methyltransferase (HNMT) abgebaut. HNMT kann Histamin nur dann abbauen, wenn es sich in den Zellzwischenräumen befindet. Überschüssiges Histamin wird in allen Organen sehr effektiv abgebaut.

Wenn diese Enzyme nicht vorhanden sind oder wenn Sie an einem Stoffwechselproblem leiden, was den Abbau von Histamin erschwert, sammelt sich Histamin im Körper an, was zu einer Histaminintoleranz und einer Kaskade von Symptomen führt.

HISTAMININTOLERANZ UND IHRE SYMPTOME

Histaminintoleranz ist keine Empfindlichkeit gegenüber Histamin, wie Sie vielleicht denken mögen, sondern ein Anzeichen dafür, dass sich zu viel davon im Körper angesammelt hat oder dass dieser nicht in der Lage ist, es richtig abzubauen. Histaminintoleranz tritt immer häufiger in Erscheinung und wird vermehrt diagnostiziert, weil einerseits immer mehr Medikamente eingenommen werden, welche die für den Histaminabbau verantwortlichen Enzyme inaktivieren, und weil andererseits immer mehr Darmprobleme durch den Einsatz von Antibiotika und Chemikalien in Lebensmitteln entstehen. Zusätzlich gibt es noch andere Gründe, die ebenso die Entstehung von Histaminintoleranz beeinflussen. Ich leide genauso darunter wie viele meiner Patienten, wodurch es mir möglich ist, ein tiefes Verständnis für die Symptome und den Schaden zu haben, der für Ihre Gesundheit entsteht.

Die Symptome der Histaminintoleranz sind den Symptomen einer saisonalen Allergie sehr ähnlich, aber einige können sehr viel schwerwiegender sein. Dazu gehören die folgenden:

- Juckende Haut, Augen, Ohren und Nase
- Ekzem oder andere Arten von Dermatitis
- Gerötete Augen
- Nesselsucht
- Gesichtsschwellung oder andere Gewebeschwellungen
- Engegefühl im Hals
- Schwierigkeiten bei der Regulierung der Körpertemperatur
- Blutdruckabfall beim schnellen Aufstehen
- Schwindel oder Benommenheit (siehe Seitenleiste Seite 10)
- Niedriger Blutdruck
- Schnelle Herzfrequenz
- Herzklopfen
- Einschlafschwierigkeiten
- Verwirrung
- Gereiztheit
- Angstzustände oder Panikattacken
- Saisonale Allergien
- Laufende oder verstopfte Nase
- Kopfschmerzen und Migräne (siehe Seitenleiste Seite 10)
- Sodbrennen oder andere Verdauungsprobleme (wie Übelkeit und Erbrechen)
- Abnormaler Menstruationszyklus
- Verlust des Bewusstseins (selten)

SYMPTOME BEI

HISTAMININTOLERANZ

DURCHFALL

KOPFSCHMERZEN/
MIGRÄNE

VERSTOPFTE ODER
LAUFENDE NASE

NIEDRIGER
BLUTDRUCK

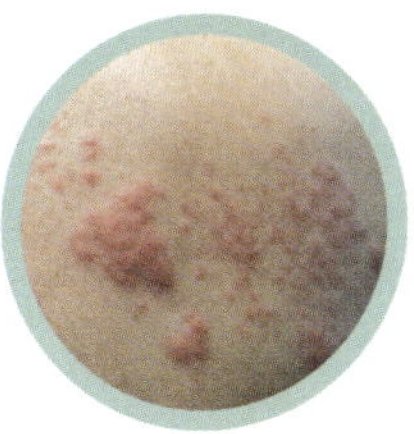
HAUTAUSSCHLAG

ASTHMAANFÄLLE

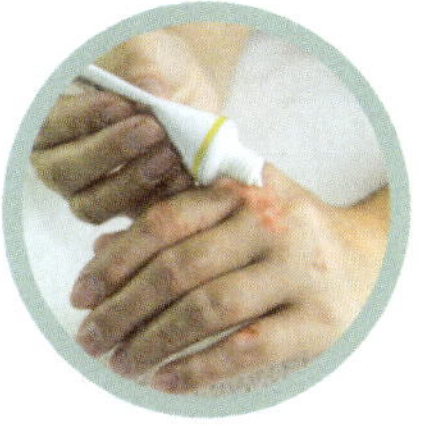
EKZEME/
PSORIASIS

JUCKREIZ AUF DER HAUT
UND KOPFHAUT

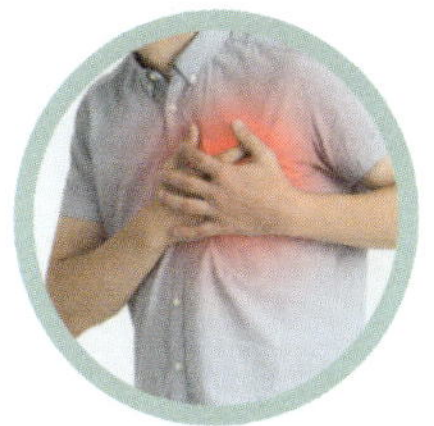
BLUTHOCHDRUCK

SCHWINDEL

MÜDIGKEIT

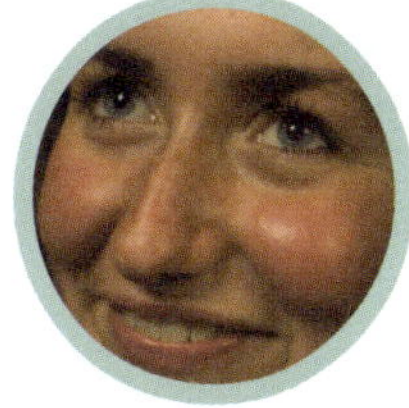
HAUTRÖTUNGEN

ABNORMALER
MENSTRUATIONSZYKLUS

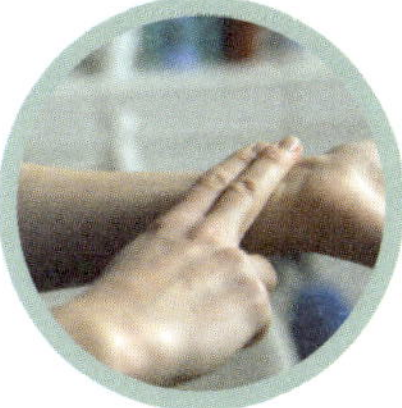
HERZRASEN

ANGSTZUSTÄNDE

Andere Reaktionen auf eine Histaminintoleranz sind unter anderem:

- Schlafstörungen: Forscher haben herausgefunden, dass Mastzellen eine wichtige Rolle bei der Steuerung unserer inneren Uhr spielen. Die Zellen haben tatsächlich eine eigene innere Uhr, die durch eine bestimmte Gruppe von Genen sowie durch äußere Faktoren wie Stress und Ernährung geleitet wird. Wenn Sie diesen Mechanismus mit der Tatsache kombinieren, dass das Histamin aus Mastzellen im Gehirn Wachsein und Veränderungen im Verhalten fördern kann, dann haben Sie ein Rezept für Schlafstörungen und Schlaflosigkeit, was zu einem Teufelskreis führt.

- Angstzustände: Histamin wirkt im Gehirn als Neurotransmitter, weshalb es in der Lage ist, eine Kettenreaktion auszulösen, die Angstzustände, Depressionen und andere psychotische Zustände hervorrufen kann. Ein Ungleichgewicht der Hypothalamus-Hypophysen-Nebennieren-Achse (HPA-Achse) erhöht möglicherweise auch die Anzahl der Mastzellen im Gehirn, was angstbestimmte Verhaltensweisen zur Folge hat.

WARUM SCHWINDEL UND MIGRÄNE SYMPTOME VON HISTAMININTOLERANZ SIND

Schwindel oder Benommenheit können im Körper durch die Ausschüttung von Histamin verursacht werden, weshalb sich manche Menschen mit Histaminintoleranz häufig schwindlig fühlen. Es ist auch der Grund, warum viele Allergiker oft das Gefühl haben, dass ihre Ohren verstopft sind, was ebenfalls zu diesem schwindligen, instabilen Gefühl führt. Allergien beeinträchtigen die Eustachischen Röhren in den Ohren, die bei der Regulierung des Gleichgewichts eine Rolle spielen. Wenn sich diese Röhren aufgrund der Histaminausschüttung oder weil Ihr Körper auf ein Allergen reagiert, mit Schleim füllen, kann dies Ihr Gleichgewicht stören.

Ebenso können Migräne-Kopfschmerzen durch Histaminintoleranz und eine Anhäufung von Stickstoffmonoxid verursacht werden. Endotheliales Monoxid wird nämlich durch Histamin freigesetzt. Auch der Verzehr von histaminreichen Lebensmitteln löst möglicherweise Kopfschmerzen aus. Viele Migränepatienten haben außerdem eine verminderte DAO-Aktivität.

HISTAMININTOLERANZ-TEST

Machen Sie diesen Test, um herauszufinden, ob Sie möglicherweise unter einer Histaminintoleranz leiden.

1. Sind Sie nach dem Verzehr bestimmter Lebensmittel, mit Ausnahme von zuckerhaltigen Lebensmitteln, schon mal müde geworden?
2. Läuft beim Verzehr bestimmter Lebensmittel manchmal Ihre Nase?
3. Leiden Sie unter Schwindel oder Benommenheit?
4. Hatten Sie schon mal nach dem Essen (oder sogar willkürlich) ein Engegefühl im Hals?
5. Haben Sie einen niedrigen Blutdruck?
6. Leiden Sie unter Migräne-Kopfschmerzen?
7. Haben Sie Hautprobleme wie Ekzeme, Dermatitis oder Psoriasis?
8. Leiden Sie unter Angstzuständen oder Panikattacken?
9. Treten bei Ihnen nach dem Verzehr von fermentierten Lebensmitteln unerwünschte Symptome auf?
10. Treten bei Ihnen nach dem Verzehr von Speiseresten unerwünschte Symptome auf?
11. Wird Ihr Gesicht leicht rot und bleibt das auch während oder nach dem Sport so?

Wenn Sie 0 bis 1 dieser Fragen mit Ja beantwortet haben, leiden Sie möglicherweise nicht an einer Histaminintoleranz.

Wenn Sie 2 bis 5 dieser Fragen mit Ja beantwortet haben, leiden Sie höchstwahrscheinlich an einer Histaminintoleranz.

Wenn Sie mehr als 5 dieser Fragen mit Ja beantwortet haben, leiden Sie möglicherweise an einer schweren Histaminintoleranz.

WARUM SIE MÖGLICHERWEISE NOCH NICHT AUF HISTAMININTOLERANZ GETESTET WURDEN

Wie Sie sehen, können die Symptome einer Histaminintoleranz leicht bis gravierend ausfallen und den gesamten Körper betreffen. Histamin wandert durch den Blutkreislauf, sodass es jeden Bereich des Körpers betrifft, der durch Blut versorgt wird.

Die große Verbreitung von Histamin im Körper ist auch der Grund, warum die Diagnose einer Unverträglichkeit möglicherweise eine Herausforderung darstellt. Es kann schwierig sein, die Symptome zu lokalisieren beziehungsweise sie mit zu viel Histamin im Körper in Verbindung zu bringen. Außerdem treten die Symptome in der Regel erst auf, wenn das Histamin einen bestimmten Schwellenwert erreicht hat, was die Diagnose weiter erschwert. Darüber hinaus kann es vorkommen, dass Sie nach dem Verzehr eines histaminreichen Lebensmittels nicht sofort unter Symptomen leiden.

Viele Menschen assoziieren eine Histaminintoleranz mit einer Nahrungsmittelallergie, da die Symptome ähnlich sein können. Der Unterschied zwischen einer Histaminintoleranz und einer echten allergischen Reaktion besteht jedoch darin, dass eine Intoleranz keine unmittelbare Überempfindlichkeitsreaktion darstellt, eine echte allergische Reaktion hingegen schon. Immunglobulin E (IgE) sind Antikörper, die vom Immunsystem produziert werden. Wenn Sie ein Nahrungsmittel zu sich nehmen, auf das Sie allergisch reagieren, produziert Ihr Körper IgE-Antikörper. Diese Antikörper wandern dann zu den Zellen und verursachen eine allergische Reaktion. Bei einer Histaminintoleranz geschieht die Reaktion jedoch nicht wie bei einer allergischen Reaktion durch IgE, und da die Symptome möglicherweise nicht sofort auftreten, kann es Probleme bereiten, die auslösenden Lebensmittel zu identifizieren.

Oft ist es schwierig für Sie, problematische Lebensmittel zu erkennen, wenn Sie kein detailliertes Ernährungstagebuch führen. So kann es sein, dass Sie zum Abendessen eine histaminreiche Mahlzeit zu sich nehmen, aber erst am nächsten Morgen Symptome verspüren. Ohne ein Ernährungstagebuch könnte man versucht sein, die morgendlichen Symptome abzutun und nicht mit den Lebensmitteln in Verbindung zu bringen, die Sie am Abend zuvor gegessen haben. Deshalb empfehle ich bei Histaminintoleranz immer, ein detailliertes Ernährungstagebuch zu führen, aber dazu später mehr.

DOWNLOAD ERNÄHRUNGSTAGEBUCH

http://bit.ly/HITjournal

Aufgrund der Schwierigkeit, eine Histaminintoleranz zu diagnostizieren, kann es notwendig sein, mit einem erfahrenen Arzt zusammenzuarbeiten, der imstande ist festzustellen, ob es sich dabei tatsächlich um Ihr Problem handelt. Es können allerdings auch Schwierigkeiten mit den verfügbaren Tests auftreten. Viele sind unzuverlässig und andere sind nicht in der Lage, den Histamingehalt in Ihrem Körper zu einem bestimmten Zeitpunkt richtig zu bestimmen.

Der zuverlässigste Test, den ich gefunden habe, zielt darauf ab, den Zustand der Darmbarriere zu diagnostizieren. Da das Leaky-Gut-Syndrom (intestinale Permeabilität) eine wichtige Ursache für Histaminintoleranz sein kann, ist dieser Test eine gute Möglichkeit, die Ursache Ihrer Probleme aufzudecken. Folgendes wird untersucht:

- Histaminspiegel
- DAO-Spiegel (das Enzym, das Histamin abbaut)
- Das DAO-Histamin-Verhältnis (dies hilft, Ungleichgewichte zwischen DAO und Histamin zu erkennen)
- Der Lipopolysaccharid-Spiegel (ein weiterer Marker für einen undichten Darm, da Lipopolysaccharid von bakteriellen Zellwänden produziert wird und eine Entzündungsreaktion im Körper auslöst)
- Zonulin (ein Protein, das dafür verantwortlich ist, dass sich die winzigen Löcher oder engen Verbindungen in der Darmbarriere öffnen, was zu einem undichten Darm führt)

Ich denke, der einfachste und kostengünstigste Weg, eine Histaminintoleranz zu bestimmen, ist der Test Ihrer Reaktion auf fermentierte Lebensmittel. Die meisten Menschen, die eine Histaminintoleranz haben, können diese nicht vertragen und werden dies dadurch bemerken, dass sie eines oder mehrere der auf Seite 8 aufgeführten Symptome äußern.

Sie können auch eine histaminarme Diät, zum Beispiel nach meinem Ernährungsplan in diesem Buch, durchführen, um zu sehen, wie Sie sich damit fühlen. Wenn Ihre Symptome abklingen, ist die Wahrscheinlichkeit groß, dass Sie an einer Histaminintoleranz leiden und langfristig von irgendeiner Diätform profitieren würden. Ob Sie eine histaminarme Diät langfristig einhalten müssen, hängt weitgehend davon ab, wie gut Sie die anderen Lebensstiländerungen, die ich in diesem Buch bespreche, einhalten können.

Um festzustellen, ob bei Ihnen eine Histaminintoleranz vorliegt, ist es außerdem sinnvoll, Risikofaktoren zu berücksichtigen.

RISIKOFAKTOREN FÜR HISTAMININTOLERANZ

Eventuell ist bei Ihnen die Wahrscheinlichkeit einer Histaminintoleranz aus verschiedenen Gründen höher als bei anderen Menschen. Wenn Sie unter chronischem Stress, Schlafstörungen, Angstzuständen, Schilddrüsenfehlfunktionen oder anderen Erkrankungen leiden, könnten Sie ein höheres Risiko für die Entwicklung einer Histaminintoleranz haben.

STRESS UND DYSFUNKTION DER HPA-ACHSE

Ein hoher Stresspegel kann einen großen Einfluss auf die Histaminproduktion im Körper haben, sodass Stress sich auch möglicherweise darauf auswirkt, welche Lebensmittel Sie gefahrlos (das heißt ohne eine Reaktion) verzehren können.

Stress ist ein Risikofaktor, der viel Aufmerksamkeit verdient. Er erhöht die Entzündungsreaktionen und belastet den Körper stark. Deshalb werden Sie feststellen, dass ich bei der Diät zusätzlich zur Reduktion histaminreicher Lebensmittel auch entzündungsfördernde Lebensmittel eliminiere, um die Entzündungslast zu verringern. Auf entzündungsfördernde Nahrungsmittel gehe ich später noch genauer ein.

Die HPA-Achse ist für die Reaktion in Stresssituationen verantwortlich. In diesen Fällen schalten die Nebennieren auf Hochtouren und können den Körper als Schutzmechanismus in Alarmbereitschaft versetzen, wenn eine echte Bedrohung vorliegt. Das Problem ist, dass viele Menschen bei einer nur empfundenen Bedrohung in diesen Modus verfallen und nicht bei einer tatsächlichen Bedrohung. Die Nebennieren reagieren auf beide Arten von Bedrohung gleichermaßen. Bei chro-

DER ZUSAMMENHANG VON HISTAMIN UND STRESS

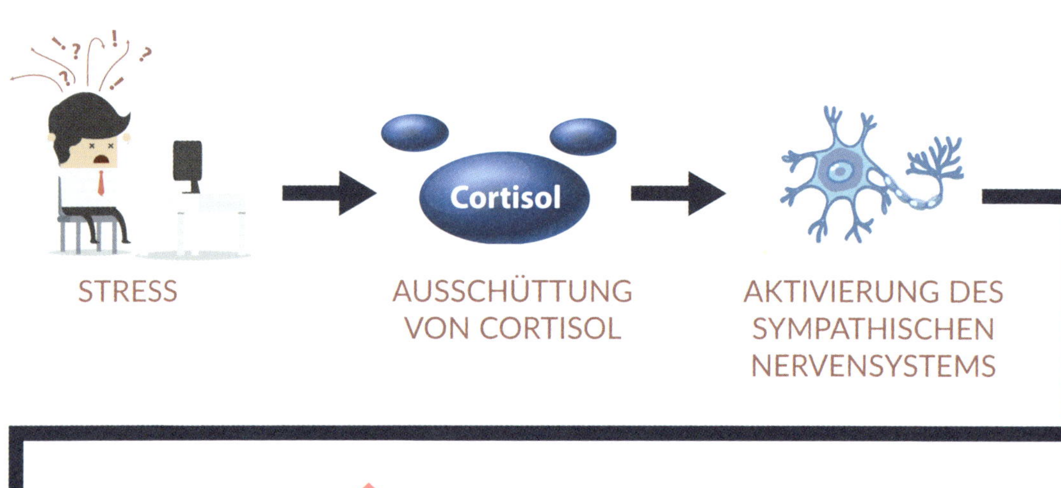

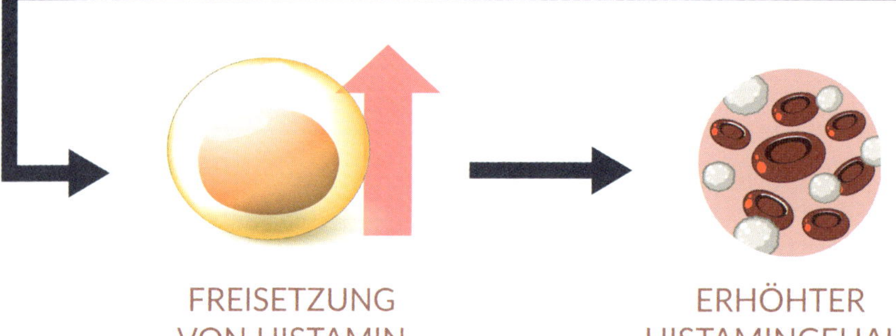

nischem Stress kann der Körper nicht mehr zwischen echter und empfundener Bedrohung unterscheiden, wodurch Herzfrequenz und Blutdruck ständig erhöht werden.

Unaufhörlicher Stress überfordert Ihre Nebennieren, was dazu führt, dass Sie sich nervös fühlen oder unter Schlaflosigkeit leiden. Die HPA-Achse kann durch diesen ständigen Stress so erschöpft werden, dass sie ihre Aktivität verringert, was viele Menschen als Nebennierenermüdung erleben. Menschen mit einer Dysfunktion der HPA-Achse können dann mit Histamin überlastet werden und haben nicht die Fähigkeit, es richtig abzubauen. Das Unvermögen wiederum, Histamin abzubauen, verschlimmert möglicherweise die Symptome der HPA-Achsen-Dysfunktion, was dann andere Gesundheitsprobleme zur Folge hat.

Stress bewirkt auch, dass die Mastzellen degranulieren (aufbrechen) und Histamin und andere entzündliche Botenstoffe im Körper freisetzen. Als Reaktion darauf schütten die Nebennieren mehr und mehr Cortisol aus, ein entzündungshemmendes Mittel, das die Nebennieren im Wesentlichen dazu bringt, Mehrarbeit zu leisten.

GENETISCHER POLYMORPHISMUS

Wenn bei Ihnen ein genetischer Polymorphismus vorliegt, haben Sie möglicherweise ein erhöhtes Risiko für die Entwicklung einer Histaminintoleranz. Mehr über diese spezifische Genmutation, die Sie einem erhöhten Risiko aussetzt, erfahren Sie in Kapitel 2 (Seite 40).

BESTIMMTE MEDIKAMENTE

Bestimmte Medikamente, darunter Antazida, Antibiotika und Antihistaminika können die Aktivität des DAO-Enzyms hemmen und dadurch die Histaminproduktion erhöhen. Eine vollständige Liste von Medikamenten, die das DAO-Enzym hemmen, finden Sie in Kapitel 2 (Seite 42).

HORMONELLES UNGLEICHGEWICHT

Ein hormonelles Ungleichgewicht, insbesondere eine Östrogendominanz ist in der Lage, zu einer Histaminintoleranz zu führen. Östrogendominanz kommt in den Industrieländern häufig vor und spielt eine Rolle bei vielen Erkrankungen, einschließlich prämenstruellem Syndrom (PMS), polyzystischem Ovarialsyndrom (PCOS), Uterusmyomen, Brustkrebs und Brustzysten bei Frauen. Bei Männern kann es das Wachstum der männlichen Brüste und größere Hüften verursachen, das Testosteron reduzieren und emotionale Störungen zur Folge haben. Zu den Symptomen der Östrogendominanz gehören auch die folgenden:

- Verminderter Sexualtrieb
- Stoffwechselträgheit
- Müdigkeit
- Schlaflosigkeit
- Gehirnnebel
- Anschwellen und Empfindlichkeit der Brüste
- Unregelmäßige oder abnormale Menstruationszyklen
- Reizbarkeit und Depression
- Gewichtszunahme
- Kopfschmerzen

Als Faktoren, die zu einer Östrogendominanz beitragen, gelten chronischer Stress, Fettleibigkeit, schlechte Ernährung oder Verdauung, Antibabypillen, Bewegungsmangel und die Aufnahme von Umweltöstrogenen. Diese Umweltöstrogene können aus einfachen Gegenständen stammen, die wir jeden Tag benutzen, wie Nagellack, Plastik, Parfüm, neue Teppiche,

Weichspüler und viele verschiedene Arten von Kosmetika. Deshalb empfehle ich, wenn möglich, natürliche Optionen zu wählen und eigene Schönheits- und Haushaltsprodukte herzustellen.

Es hat sich gezeigt, dass Östrogen die Histaminausschüttung auslöst und dass Histamin wiederum einen Anstieg des Östrogens bewirkt. Die beiden verstärken sich gegenseitig. Wenn Sie also zu viel Östrogen haben, schüttet Ihr Körper wahrscheinlich auch zu viel Histamin aus.

Das ist jedoch nicht der einzige Zusammenhang zwischen Östrogendominanz und Histaminintoleranz. Es wird vermutet, dass Östrogen das Immunsystem beeinflusst - insbesondere die Mastzellen, von denen wir wissen, dass sie Histamin freisetzen, wenn das Immunsystem aktiviert ist. Man hat herausgefunden, dass Östrogen in Form von Estradiol Mastzellen aktivieren kann. Östrogen ist auch in der Lage, die Funktionsweise von DAO und Monoaminoxidase (MAO, ein weiteres Enzym, das Histamin abbaut) zu beeinträchtigen, die für den Abbau von Histamin wichtig sind.

Wenn man diese Informationen kennt, versteht man, warum viele Frauen kurz vor dem Eisprung unter Symptomen leiden, die mit einer Histaminintoleranz zusammenhängen.

SCHILDDRÜSENFUNKTIONSSTÖRUNG

Viele Menschen wissen nicht, dass sich eine Schilddrüsenfehlfunktion und eine Histaminintoleranz möglicherweise gegenseitig beeinflussen. Bei einer Schilddrüsenunterfunktion (Hypothyreose) kann ein zu niedriger Schilddrüsenhormonspiegel die Mastzellenaktivität steigern, wodurch sich die Histaminmenge im Körper erhöht. Bei einer Schilddrüsenüberfunktion (Hyperthyreose) wiederum kann zu viel Schilddrüsenhormon die Anzahl der Histaminrezeptoren im Körper erhöhen, was eine verstärkte Reaktion auf Histamin verursacht. Wenn dann noch eine Abnahme des DAO-Enzyms hinzukommt, liegt möglicherweise eine Histaminintoleranz vor. Man fand ebenso heraus, dass ein hoher Histamingehalt im Körper zu Autoimmunerkrankungen wie der Hashimoto-Krankheit führen kann. Darüber hinaus sind die gleichen Dinge, die Ursache für eine Histaminintoleranz sein können - wie SIBO, Leaky-Gut-Syndrom usw. - in der Lage, auch eine Schilddrüsenfehlfunktion im Körper auszulösen.

UMWELTALLERGENEXPOSITION

Häufiger Kontakt mit Pollen, Schimmelpilzen und Hausstaubmilben kann das Risiko für eine Histaminintoleranz erhöhen. Es ist nicht immer leicht herauszufinden, wann sich diese Substanzen in Ihrer Umgebung befinden, aber die Symptome, die Sie erleben, sind in der Regel offensichtlich.

LEBENSSTILFAKTOREN

Wenn Sie sich durch zu viel Sport (insbesondere Aerobic-Training) verausgaben, erhöht dies möglicherweise den Histamingehalt im Körper - ein Problem für Menschen, die an Histaminintoleranz leiden. Das bedeutet nicht, dass Sie komplett auf Sport verzichten sollten, aber weniger anstrengende Work-outs oder mehr Krafttraining und Yoga anstelle von hochintensivem Aerobic-Training könnten eine bessere Wahl sein.

Ein weiterer Lebensstilfaktor, der zu einer Histaminintoleranz beitragen kann, ist der Konsum von zu viel Alkohol. Alkohol enthält viel Histamin und ist ein Histaminliberator (setzt das Histamin in unserem Körper frei), daher sollte er vermieden oder eingeschränkt werden.

DER ZUSAMMENHANG VON HISTAMIN UND SCHILDDRÜSE

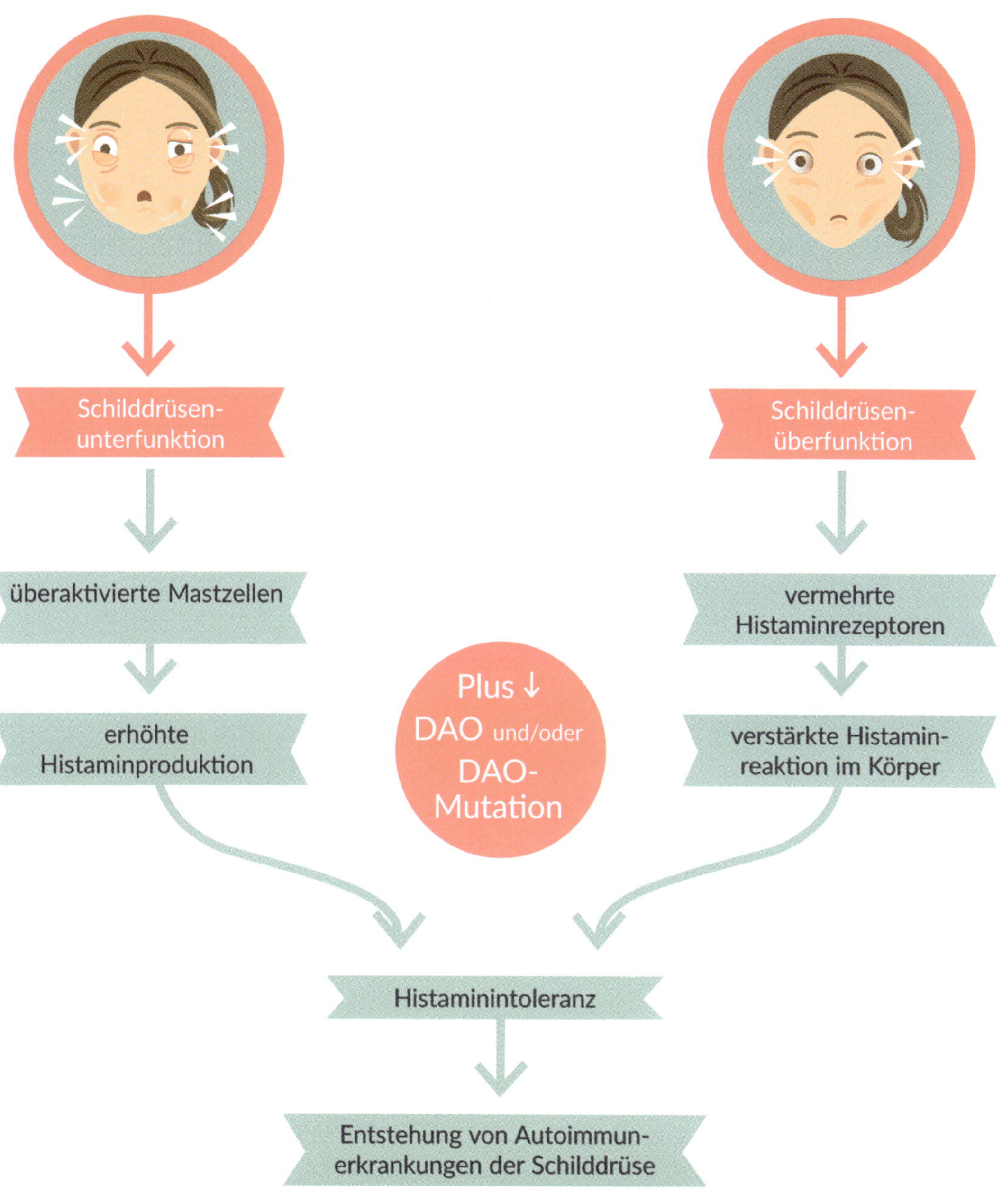

Zwei

DIE ACHT HÄUFIGSTEN URSACHEN **FÜR HISTAMININTOLERANZ**

Einige der zugrunde liegenden Faktoren, die wir in diesem Abschnitt besprechen, können eine Histaminintoleranz verursachen, weil sie die DAO-Funktion verringern, während andere direkten Einfluss darauf haben, wie viel Histamin im Körper freigesetzt wird. Manche Menschen sind vielleicht nur von einer einzigen der auf dieser Liste aufgeführten Ursachen betroffen, während bei anderen eine ganze Handvoll vorliegt.

ZUSAMMENARBEIT MIT EINEM FACHMANN ODER EIGENBEHANDLUNG ZU HAUSE

Wenn Sie unter Histaminintoleranz leiden, sollten Sie in der Lage sein, diese Erkrankung sehr gut in den Griff zu bekommen, sofern Sie das Problem an der Wurzel packen und die Lebensmittel weglassen, die Ihre Symptome auslösen. Ich habe auf DrBeckyCampbell.com ein Online-Programm entwickelt, das Ihnen nicht nur dabei hilft, Ihre Trigger herauszufinden, sondern auch die erforderlichen Tests sowie spezifische Behandlungspläne auf der Grundlage Ihrer persönlichen Testergebnisse zur Verfügung stellt.

Es gibt Fälle, in denen jemand mit einem erfahrenen Therapeuten zusammenarbeiten muss – aber mein Ziel ist es, Ihnen zu helfen, Ihre Situation so gut wie möglich selbst zu bewältigen.

URSACHE 1

DAS MASTZELL-AKTIVIERUNGSSYNDROM (MCAS)

Ich glaube, dass das Mastzellaktivierungssyndrom (MCAS) die Hauptursache für eine Histaminintoleranz ist, aber dies trifft vielleicht nicht bei jedem Menschen zu. Mastzellen sind weiße Blutkörperchen, die in den Geweben im gesamten Körper vorkommen. Eine große Anzahl von Mastzellen kann in der Haut, den Atemwegen, dem Verdauungstrakt, den Harnwegen, den Fortpflanzungsorganen und den umgebenden Nerven gefunden werden. Sie können auch im Blut und im Körper als Folge von Infektionen und Krankheiten auftauchen. Mastzellen beginnen mit der Reparatur des Gewebes, sobald die Bedrohung beseitigt ist.

Ebenfalls sind Mastzellen an allergischen Reaktionen beteiligt. Sie speichern Entzündungsmediatoren in Granula, zu denen auch Histamin gehört. Bei einer allergischen Reaktion, einer Infektion oder einer Krankheit werden die Mastzellen aktiviert und der Inhalt ihrer Granula wird in das umliegende Gewebe freigesetzt (Degranulation, siehe Seite 13). Dies löst Symptome aus, die mit einer Entzündung und einer allergischen Reaktion verbunden sind.

Bei MCAS kann eine breite Palette von Auslösern dazu führen, dass Mastzellen Entzündungsmediatoren und Histamin freisetzen. Dies ist die Ursache für die mit MCAS verbundenen Symptome. Zu diesen gehören:

- Ausschlag
- Nesselsucht
- Juckreiz
- Herzklopfen
- Niedriger Blutdruck
- Kopfschmerzen
- Schmerzen in der Brust
- Gewichtsveränderungen (Gewichtszunahme oder Gewichtsverlust)
- Verdauungsstörungen (Übelkeit, Erbrechen, Durchfall)
- Appetitlosigkeit
- Angstzustände
- Veränderungen der Sehkraft
- Müdigkeit
- Schwäche
- Schwindel

Beachten Sie die Ähnlichkeit der vorangegangenen Symptome mit denen der Histaminintoleranz. Die Auswirkungen der beiden Erkrankungen können sehr ähnlich sein, da bei beiden eine erhöhte Menge an Histamin im Körper vorhanden ist.

Der Unterschied zwischen den beiden kann folgendermaßen beschrieben werden: Bei der Histaminintoleranz wird dem Körper mehr Histamin zugeführt (zum Beispiel durch bestimmte Nahrungsmittel), was eine Anhäufung im Körper zur Folge hat, die der Körper nur schwer abbauen kann. Darin liegt der Unterschied zur Funktionsweise von MCAS. Bei MCAS werden Mastzellen aktiviert, die Botenstoffe in Ihren Körper ausschütten, darunter auch Histamin, was eine Vielzahl von Symptomen verursachen kann.

Jeder dieser mehr als 200 Botenstoffe dient der Kommunikation zwischen den Zellen. Dabei können viele der 25 bis 50 bekannten Mastzellen-Trigger aus Ihrer Umgebung stammen, unter anderem:

- Schimmel
- Allergene
- Viren
- Chemikalien und Giftstoffe
- Schwermetalle

Zwar leiden nicht alle Menschen mit Histaminintoleranz auch unter MCAS, aber wenn Sie beide Erkrankungen haben, ist Ihr Körper nicht in der Lage, das zusätzliche Histamin richtig abzubauen, was recht schnell zu einer Anhäufung führen kann.

ERKRANKUNGEN IM ZUSAMMENHANG MIT MCAS

MCAS steht in Zusammenhang mit einer Reihe von verschiedenen Erkrankungen, einschließlich der folgenden:

- Allergien und Asthma
- Ekzem
- Ehlers-Danlos-Syndrom (EDS)
- Chronisches Müdigkeitssyndrom
- Chronisch entzündliches Reaktionssyndrom
- Fibromyalgie
- Unfruchtbarkeit (Mastzellen im Endometrium (Gebärmutterschleimhaut) können zur Endometriose beitragen)
- Interstitielle (nicht-infektiöse) Blasenentzündung
- Zöliakie
- Chronische allergieartige Entzündung der Speiseröhre (Eosinophile Ösophagitis)
- Nahrungsmittelallergien und -unverträglichkeiten
- Gastroösophagealer Reflux
- Reizdarm-Syndrom
- Migräne-Kopfschmerzen
- Autismus
- Stimmungsstörungen (Schlaflosigkeit, Angstzustände, Depressionen)
- Posturales orthostatisches Tachykardie-Syndrom
- Multiple chemische Sensibilitäten
- Autoimmunerkrankungen (Hashimoto-Thyreoiditis, systemischer Lupus, Multiple Sklerose, bullöses Pemphigoid, rheumatoide Arthritis und andere)

URSACHEN VON MCAS

Zu den wesentlichen Ursachen von MCAS gehören eine vorbestehende genetische Disposition, eine Dysbiose (Ungleichgewicht) des Darmmikrobioms, Infektionen, Stress und Toxine.

Menschen mit dem Ehlers-Danlos-Syndrom (EDS), einer genetischen Störung, die eine Hypermobilität der Gelenke und Veränderungen im Immunsystem verursacht, sind für MCAS prädisponiert. In einer Studie hatten 66 Prozent der Personen mit EDS Symptome, die mit MCAS übereinstimmen.

Infektionen wie Borreliose können ebenfalls zu Veränderungen im Körper und meines Erachtens zur Entwicklung von MCAS beitragen, was ich auch von anderen praktischen Ärzten gehört habe. Menschen mit MCAS leiden häufig auch an Infektionen der oberen Atemwege, Bluthochdruck und Fibromyalgie.

Toxine wie Schwermetalle, Schimmelpilze und andere Biotoxine sind in der Lage, die Leber zu schädigen, was die Fähigkeit des Körpers, sich selbst zu entgiften, beeinträchtigt und eine grundlegende Ursache für MCAS sein kann. Auch Stress spielt möglicherweise eine wichtige Rolle, insbesondere wenn er das Hormonsystem des Körpers aus dem Gleichgewicht bringt.

MASTOZYTOSE

Die Erkrankung an Mastozytose ist hier ebenfalls erwähnenswert, da sie einige Symptome mit MCAS teilt, obwohl es sich um eine seltene Krankheit handelt, die normalerweise durch eine genetische Mutation verursacht wird. Es gibt zwei Arten: die kutane und die systemische Mastozytose. Kutane Mastozytose tritt auf, wenn sich Mastzellen in der Haut ansammeln; von systemischer Mastozytose spricht man, wenn eine Ansammlung der Mastzellen in den inneren Organen wie Leber, Milz, Dünndarm oder Knochenmark vorliegt.

HÄUFIGSTE URSACHEN FÜR HISTAMININTOLERANZ

MASTZELL-AKTIVIERUNGS-SYNDROM

GLUTENINTOLERANZ

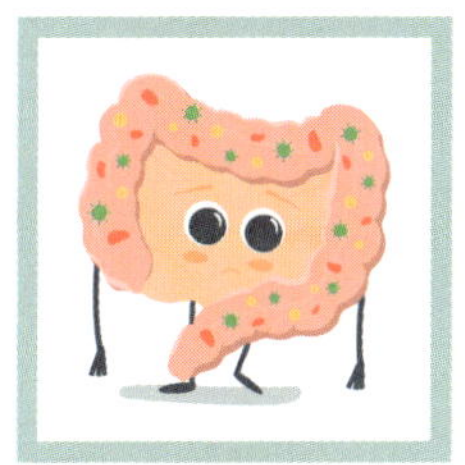

LEAKY-GUT-SYNDROM

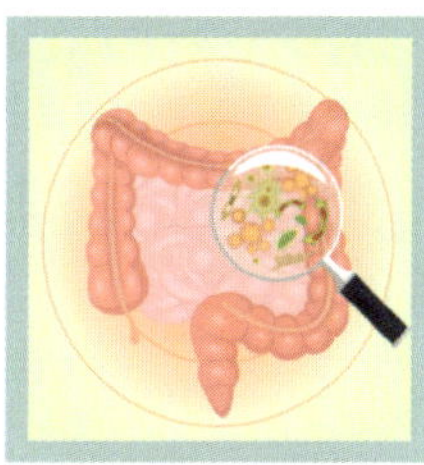

DARMINFEKTION

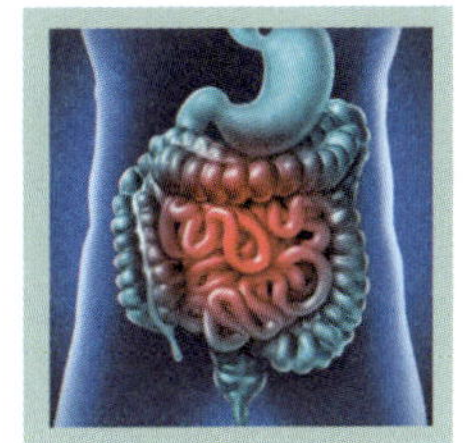

ENTZÜNDLICHE DARMERKRANKUNGEN

NÄHRSTOFFMANGEL

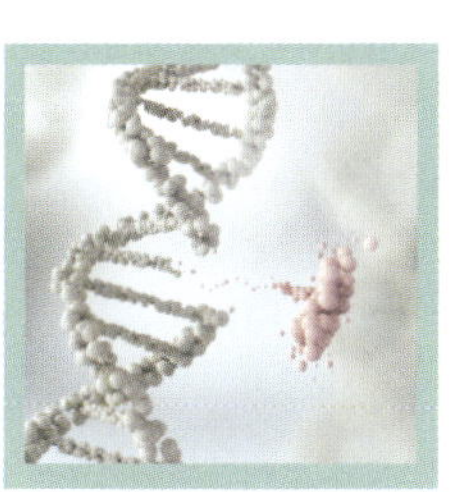

GENETISCHE VERÄNDERUNGEN

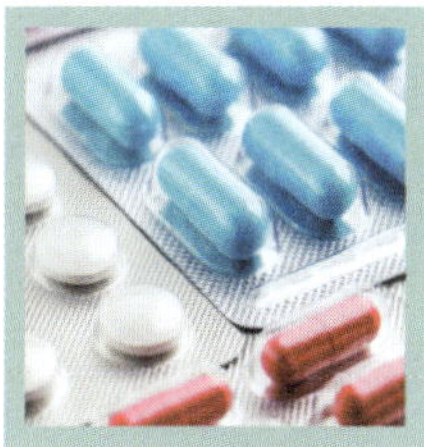

BESTIMMTE MEDIKAMENTE

Als Symptome der kutanen Mastozytose bezeichnet man:

- Erröten
- Rötungen
- Schwellung

Zu den systemischen Mastozytose-Symptomen können gehören:

- Juckreiz, Nesselsucht und/ oder Rötung der Haut
- Gastrointestinale Symptome wie Bauchschmerzen, Diarrhö, Übelkeit und Erbrechen
- Anämie und Blutungsstörungen
- Vergrößerung von Leber, Milz oder Lymphknoten

Wenn Sie an Mastozytose leiden, können Ihnen die Empfehlungen in diesem Buch helfen, sich besser zu fühlen und die Symptome zu minimieren.

TESTEN AUF MCAS

Während es schwierig sein kann, auf Histaminintoleranz zu testen, gibt es folgende Labortests für MCAS:

- Serum-Tryptase (der bekannteste Mastzellen-Mediator)
- Chromogranin A im Serum
- Plasma-Histamin
- Plasma-PGD2 (Proben gekühlt)
- Plasma-Heparin (Proben gekühlt)
- Urin für PGD2 (Proben gekühlt)
- PGF2a
- N-Methylhistamin
- Biopsie (eine der besten Methoden zur Diagnose von MCAS)

Allerdings sind die Tests zu dem Zeitpunkt, während ich dieses Buch schreibe, immer noch nicht 100 Prozent genau. Es ist also eine gute Idee, die Empfehlungen, die ich Ihnen in diesem Buch gebe, zu nutzen, egal welche Testergebnisse Sie vom Labor erhalten. Wenn Sie unter MCAS leiden, müssen möglicherweise drastischere Maßnahmen ergriffen werden und Sie sollten unbedingt mit einem MCAS-Spezialisten zusammenarbeiten. Einige dieser Spezialisten habe ich auf Seite 176 aufgelistet.

GESUND WERDEN

Obwohl es schwieriger sein kann, MCAS aus eigener Kraft zu heilen, gibt es vieles, was Sie tun können, um sich sofort besser zu fühlen. Das Befolgen des 4-Phasen-Plans, den ich in diesem Buch für Histaminintoleranz aufgestellt habe, könnte alle Symptome vollständig beseitigen.

URSACHE 2
GLUTENUNVERTRÄGLICHKEIT

Die Glutenunverträglichkeit ist auf dem Vormarsch, und immer mehr Menschen meiden im Interesse ihrer Gesundheit diesen entzündungsfördernden Stoff in ihrer Ernährung. Gluten kommt in folgenden Getreidesorten und -typen vor:

- Weizen
- Roggen
- Gerste
- Malz
- Hartweizen
- Grieß
- Farro
- Graham
- Kamut

Häufige Quellen von Gluten sind Nudeln, Brot, Backwaren, Cracker, Croutons, Produkte auf Mehlbasis, Getreide, Bierhefe, Bier und bestimmte Soßen und Dressings. Zu den klassischen Symptomen einer Glutenunverträglichkeit gehören Verdauungsbeschwerden, Hautprobleme, Kopfschmerzen und Hirnnebel.

WARUM GLUTEN IN DER REGEL EIN PROBLEM IST

Gluten kann aus mehr als einem Grund problematisch sein. Abgesehen von der Tatsache, dass es eine entzündliche Substanz ist, ist es besonders schädlich für Menschen, die an einer Schilddrüsenerkrankung leiden, da der Körper Gluten mit gesundem Schilddrüsengewebe verwechseln kann und andersherum: Wenn der Körper nicht in der Lage ist, zwischen Gluten und der Schilddrüse zu unterscheiden, startet der Körper möglicherweise einen Angriff auf beide, was zu einer Schädigung der Schilddrüse führt. Gluten kann auch die Freisetzung von Zonulin erhöhen, das die engen Verbindungsstellen im Darm öffnet. Dies wiederum ist ein möglicher Auslöser für das Leaky-Gut-Syndrom.

WARUM IHR ARZT SIE MÖGLICHERWEISE NICHT AUF GLUTENUNVERTRÄGLICHKEIT GETESTET HAT

Wenn Sie den Verdacht haben, dass Sie an einer Glutenunverträglichkeit leiden, möchten Sie sich vielleicht testen lassen. Das Problem beim Testen auf Glutenunverträglichkeit ist, dass die meisten Ärzte – vor allem in der Welt der Schulmedizin – nur auf zwei Marker testen und sich darauf konzentrieren, Zöliakie auszuschließen, anstatt nach Glutenunverträglichkeit zu suchen.

Ihr Arzt kann eine Laboruntersuchung auf Gewebs-Transglutaminase-IgA-Antikörper durchführen lassen. Wenn dieser positiv ist, kann er eine Dünndarmbiopsie durchführen. Es ist jedoch sehr wichtig, die richtigen Tests machen zu lassen, wenn Sie den Verdacht haben, dass es sich bei Ihnen um eine Glutenunverträglichkeit und nicht um eine echte Zöliakie handelt, denn Sie können das eine ohne das andere haben.

Warum testen viele Schulmediziner nicht auf Glutensensitivität? Während die Zöliakie als Krankheit anerkannt ist, ist das Wissen um die Nicht-Zöliakie-Glutensensitivität unter den Ärzten der Schulmedizin einfach nicht so weit verbreitet. Zöliakie ist eine Autoimmunerkrankung, bei der das Immunsystem auf die Aufnahme von Gluten und verwandten Proteinen reagiert und dabei auch das Darmgewebe schädigt. Bei der nicht-zöliakischen Glutensensitivität (auch bekannt als nicht-zöliakische Weizensensitivität) hingegen treten nach dem Verzehr von Gluten Symptome wie Müdigkeit und Gehirnnebel auf, ohne dass die klassischen Marker einer Zöliakie vorhanden sind.

Wenn Sie nicht zu einem erfahrenen Arzt für funktionelle Medizin gehen, kann es sehr schwierig sein, eine Diagnose zu erhalten. Das bedeutet jedoch nicht, dass keine Nicht-Zöliakie-Glutensensitivität existiert. Meiner Erfahrung nach fühlen sich Menschen, die an einer Glutensensitivität leiden, in der Regel viel besser, wenn sie Gluten aus ihrer Ernährung streichen; die oben genannten Symptome beginnen dann zu verschwinden.

TESTEN AUF GLUTENUNVERTRÄGLICHKEIT

Ich führe bei meinen Patienten hauptsächlich den Array 3-Test von Cyrex Laboratories durch, um sie auf Nicht-Zöliakie-Glutensensitivität zu testen. Ich verwende diesen Test, weil er die Antikörperproduktion gegen verschiedene Weizenproteine, den Komplex aus Transglutaminase und Gliadin sowie drei wichtige Enzyme untersucht, die alle zur Diagnose von Weizen- oder Glutensensitivität beitragen. Der Test ist jedoch nicht immer notwendig, da die

Eliminierung von Gluten sich fast immer vorteilhaft auswirkt. Ich empfehle meinen Patienten daher, Gluten grundsätzlich zu meiden, um in den Genuss der positiven Auswirkungen zu kommen.

GESUND WERDEN

Beginnen Sie damit, Gluten vollständig aus Ihrer Ernährung zu streichen. Siehe die Liste auf Seite 53.

URSACHE 3

LEAKY GUT

Das Leaky-Gut-Syndrom ist ein Zustand, bei dem die Barrierefunktion des Darms, die vom Mund bis zum Anus verläuft, „undicht" wird. Jeder gesunde Mensch hat kleine Löcher in seinem Darm, doch bei Menschen mit einem undichten Darm vergrößern sich diese Löcher und können schwere Symptome verursachen. Durch die größeren Öffnungen sind unverdaute Nahrung, Bakterien und andere Giftstoffe in der Lage, in den Blutkreislauf zu gelangen. Dort können diese Fremdstoffe eine Autoimmunreaktion des Körpers auslösen und Entzündungen, Hautprobleme, Müdigkeit, Verdauungsbeschwerden, Nahrungsmittelallergien und Histaminintoleranz verursachen. Ein undichter Darm kann es Ihrem Körper auch sehr schwer machen, bestimmte wichtige Nährstoffe zu absorbieren, was zu Vitamin- und Mineralstoffmangel führt. Das Leaky-Gut-Syndrom ist auch eine Ursache für einen Mangel an DAO, dem Enzym, das Histamin abbaut, da jede Art von Entzündung im Körper die Funktion von DAO beeinträchtigen kann.

Wenn Sie unter einer Autoimmunerkrankung, Histaminintoleranz, gastrointestinalen Symptomen, Hirnnebel, Hautproblemen wie Ekzemen oder Akne, Müdigkeit oder mehreren Nahrungsmittelüberempfindlichkeiten leiden, ist die Wahrscheinlichkeit groß, dass Sie einen undichten Darm haben.

URSACHEN FÜR LEAKY GUT

Nahrungsmittelüberempfindlichkeiten können einen undichten Darm verursachen, ebenso wie bakterielle, virale und parasitäre Infektionen, Schwermetall- oder Schimmelpilzvergiftungen, die langfristige Einnahme von Protonenpumpenhemmern, Antibiotika und nichtsteroidalen Entzündungshemmern (NSAIDs). Chronischer Stress, chronische Entzündungen und SIBO sind weitere Faktoren, auf die Sie achten sollten.

TESTEN AUF DAS LEAKY-GUT-SYNDROM

Wenn Sie den Verdacht haben, dass Sie es mit Leaky Gut zu tun haben, empfehle ich den Array 2-Test von Cyrex Laboratories. Dieser Test sucht nach verschiedenen Antigenen und der Durchlässigkeit des Darms für große Moleküle, die eine Entzündung verursachen würden. Er eignet sich hervorragend für jeden, der unter Leaky-Gut-Symptomen – wie chronischer Müdigkeit, Hirnnebel oder Nahrungsmittelempfindlichkeiten – oder jeder Art von Autoimmunerkrankung leidet.

Es gibt noch einen anderen Test, den Laktulose-Mannitol-Test, der bei Verdacht auf Leaky Gut recht häufig eingesetzt wurde, den ich aber in meiner Praxis nicht verwende, weil es mit diesem Test einige Probleme gibt. Zum einen sind Laktulose und Mannitol kleine Moleküle, sodass der Test möglicherweise keine Art von Immunreaktion hervorruft. Zum anderen ist die Übertragung von Laktulose oder Mannitol durch die Darmbarriere nicht unbedingt ein Hinweis auf einen undichten

Darm, sodass ein positives Ergebnis nicht in jedem Fall ausreicht, um eine definitive Diagnose bezüglich eines undichten Darms zu stellen.

Der Array 2-Test von Cyrex Laboratories funktioniert dagegen anders. Er untersucht spezifische Antikörper gegen Proteine und bakterielle Endotoxine, die beide sehr wichtige Teile des Leaky-Gut-Puzzles sind. Dieser Test ermöglicht eine gründlichere Diagnose, denn wenn diese Proteine oder Toxine aus dem Darm in die Blutbahn gelangen, kann dies eine Entzündungsreaktion und möglicherweise eine Autoimmunerkrankung auslösen.

In dem einen oder anderen Fall ist es vielleicht nicht unbedingt notwendig, einen Test durchführen zu lassen, vor allem wenn Sie kein Geld dafür ausgeben wollen. Möglicherweise brauchen Sie auch keinen Test, um eine definitive Aussage zu treffen, denn die Symptome eines undichten Darms können bei der Diagnose helfen. Die Umstellung Ihrer Ernährung und das Führen eines Heilungstagebuchs können sich auf mehr als einen Bereich Ihres Lebens positiv auswirken, egal ob Sie einen undichten Darm haben oder nicht.

GESUND WERDEN

Es gibt mehrere Dinge, die Sie tun können, um einen undichten Darm zu unterstützen.

BEGINNEN SIE EINE ELIMINATIONSDIÄT. Der Beginn einer Eliminationsdiät ist eine gute Möglichkeit, einem undichten Darm zu helfen. Ich empfehle den Verzicht auf Gluten, Getreide, Zucker, Milchprodukte und Soja, da alle diese Lebensmittel (sowie Gluten) entzündungsfördernd sind und viele Menschen darauf reagieren. Lebensmittelzusatzstoffe sollten ebenfalls aus dem Speiseplan gestrichen werden, ebenso wie Pestizide, Hormone, Antibiotika und Steroide, die in konventionellen tierischen Produkten vorkommen.

Ich rate, alle diese Lebensmittel für mindestens 60 Tage aus der Ernährung zu streichen. Wenn Sie sich dann entscheiden, sie wieder einzuführen, starten Sie mit jeweils nur einem Lebensmittel aus jeder Lebensmittelgruppe und nehmen Sie 3 Tage lang keine weiteren dazu. Meine Empfehlung lautet jedoch, Gluten, Soja, Getreide und raffinierten Zucker langfristig aus Ihrer Ernährung zu verbannen und generell eine histaminarme Paleo-Diät zu befolgen. Eine Paleo-Ernährung hilft, Entzündungen weiter zu reduzieren und die Darmgesundheit zu unterstützen.

Falls Sie sich dafür entscheiden, Milchprodukte wieder zu Ihren Mahlzeiten hinzuzufügen, sollten Sie vielleicht Rohmilchprodukte ausprobieren. Viele Menschen reagieren nicht schlecht auf rohe Milchprodukte, selbst wenn sie konventionelle Milchprodukte nicht vertragen.

Wenn Sie Lebensmittel wieder einführen, achten Sie auf Symptome, die vor der Eliminierung vorhanden waren. Treten die Symptome wieder auf, wissen Sie, dass Sie auf dieses bestimmte Lebensmittel reagieren und dass es aus Ihrer Ernährung herausgehalten werden sollte. Richtig durchgeführt, kann eine Eliminationsdiät sehr hilfreich sein, um herauszufinden, welche Lebensmittel Sie krank machen.

DOKUMENTIEREN SIE IHRE NAHRUNGSAUFNAHME MITHILFE EINES ERNÄHRUNGSTAGEBUCHS. Das Führen eines solchen Tagebuchs ist eine hervorragende Möglichkeit herauszufinden, welche Lebensmittel Ihnen schaden. Dies ist besonders wichtig, wenn Sie unter Leaky Gut

URSACHEN FÜR DAS LEAKY-GUT-SYNDROM

ENTZÜNDUNGSFÖRDERNDE LEBENSMITTEL:

Zucker

Alkohol

Milchprodukte

Getreide

Gluten

MEDIKAMENTE:

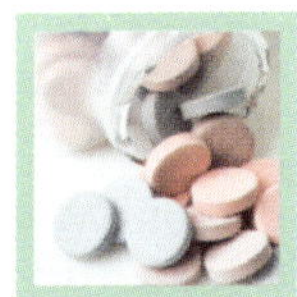
NSAIDs (nichtsteroidale Antirheumatika, nichtsteroidale Antiphlogistika)

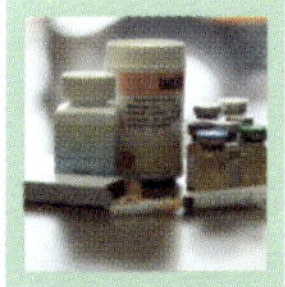
Steroide

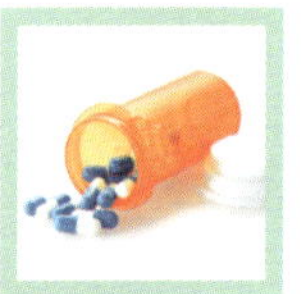
Antibiotika

Antibabypille

Antazida (Mittel zur Neutralisierung der Magensäure)

DARMINFEKTIONEN:

Bakterielle Dysbiose

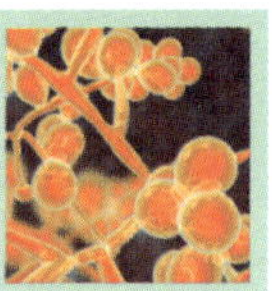
Hefepilzinfektion

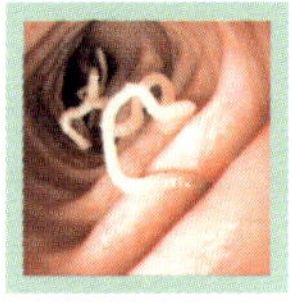
Darmparasiten

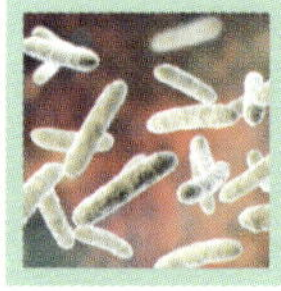
Bakterielle Überwucherung und Fehlbesiedlung des Dünndarms (SIBO)

UMWELTGIFTE:

Quecksilber (Schwermetall-Toxizität)

Kunststoffe

Bisphenol A (BPA)

CHRONISCHER STRESS:

Ständiger Stress verringert die Wirksamkeit Ihres Immunsystems, wodurch es für Ihren Körper schwieriger wird, Bakterien und Viren zu bekämpfen, was zu mehr systemischen Entzündungen einschließlich der Darmschleimhaut führt.

oder Histaminintoleranz leiden, da jeder Mensch anders auf Lebensmittel reagiert. Während ein histaminarmes Lebensmittel für eine Person in Ordnung sein kann, kann es bei einer anderen Person Symptome verursachen.

DOWNLOAD ERNÄHRUNGSTAGEBUCH

http://bit.ly/HITjournal

Wenn Sie es mit einem undichten Darm zu tun haben, leiden Sie möglicherweise an mehreren Nahrungsmittelunverträglichkeiten, die nicht sofort Symptome verursachen. Indem Sie Ihre Nahrungsaufnahme verfolgen, können Sie besser feststellen, welche Lebensmittel Sie meiden sollten und welche Sie bedenkenlos genießen können.

DARMINFEKTIONEN AUFDECKEN. Viele Menschen mit Leaky Gut oder Histaminintoleranz haben auch versteckte Darminfektionen. Ursachen wie SIBO, Parasiten und Candida können diese Zustände verschlimmern. Aber mit den richtigen Tests sind Sie in der Lage, potenzielle Infektionen aufzudecken und sie dann an der Quelle zu behandeln. Ich spreche später in diesem Kapitel genauer über SIBO, Parasiten und Candida (sowie über Testmöglichkeiten).

VERZICHTEN SIE AUF NSAIDS UND ALKOHOL. NSAIDs wie Aspirin und Ibuprofen können für Menschen, die an einem Leaky-Gut-Syndrom leiden, problematisch sein. NSAIDs blockieren möglicherweise die Fähigkeit des Körpers, Prostaglandine zu produzieren, also die Substanzen, die für den Wiederaufbau der Darmschleimhaut benötigt werden. Die Einnahme von NSAIDs über einen Zeitraum von nur zwei Wochen kann bereits Probleme verursachen. Wenn Sie regelmäßig NSAIDs einnehmen, tun Sie alles, um die Menge so weit wie möglich zu reduzieren, besonders wenn Sie die Symptome eines undichten Darms haben.

Der Genuss von Alkohol kann sich ebenfalls ungünstig auswirken. Alkohol ist für die Darmschleimhaut sehr ungesund und in der Lage, sie weiter zu schädigen. Ich empfehle, auf Alkohol zu verzichten oder diesen zumindest deutlich zu reduzieren, wenn Sie einen undichten Darm haben.

NEHMEN SIE MEHR VOLLWERTKOST IN IHRE ERNÄHRUNG AUF. Unabhängig davon, ob Sie an Leaky Gut leiden oder nicht, kann es äußerst vorteilhaft sein, die Ernährung vollwertiger zu gestalten. Ich rate Ihnen dringend, so viele verarbeitete und künstliche Lebensmittel wie möglich aus Ihrer Ernährung zu streichen und eine vollwertige, histaminarme Ernährung zu pflegen, um Ihre Gesundheit schnell zu verbessern. Vollwertige Lebensmittel helfen bei der Reparatur der Darmschleimhaut, während verarbeitete Produkte die Schäden am undichten Darm verschlimmern können. Vollwertige Lebensmittel wie Obst, Gemüse, gesunde Fette und „cleane" Proteine sind voll von Nährstoffen, die Ihr Körper braucht, um zu gedeihen und optimal zu funktionieren.

Damit Ihr Körper und Ihr Darm heilen können, müssen Sie Ihren Körper richtig mit Nährstoffen versorgen. Lesen Sie weiter, um mehr über spezielle Lebensmittel zu erfahren, die für einen histaminarmen Ernährungsplan geeignet sind.

REDUZIEREN SIE STRESS. Haben Sie schon einmal bemerkt, dass Stress bei

Ihnen Magenprobleme auslöst? Bei einigen äußert sich das in Form von Übelkeit und Durchfall oder sogar Magenschmerzen und Sodbrennen. Wenn Sie ständig gestresst sind, befindet sich Ihr Körper wahrscheinlich im Zustand der Alarmbereitschaft, der im Gegensatz zu dem steht, in dem sich Ihr Nervensystem eigentlich befinden sollte: im Ruhe- und Verdauungsmodus, um die Darmheilung und die allgemeine Gesundheit zu unterstützen.

Die einzige Möglichkeit, Ihr Nervensystem zu beruhigen, besteht darin, Stress so weit wie möglich zu reduzieren und sich jeden Tag etwas Zeit dafür zu nehmen. Versuchen Sie, Yoga zu machen, zu meditieren, zu lesen oder zügig spazieren zu gehen, um Ihren Geist zu beruhigen und von den Stressoren in Ihrem Leben abzuschalten. Schon eine Viertelstunde pro Tag kann helfen, Stress abzubauen.

NAHRUNGSERGÄNZUNG

Eine gute Möglichkeit, die Darmheilung zu unterstützen, ist eine entsprechende Nahrungsergänzung. Ich empfehle hierfür eine Ergänzung mit den folgenden Inhaltsstoffen:

L-Glutamin

L-Glutamin ist eine körpereigene Aminosäure, die die Gesundheit der Verdauung und des Immunsystems unterstützt. Es kann bei der Heilung der Zellen im Dünndarm helfen, was für diejenigen wichtig ist, die unter Leaky-Gut-Syndrom leiden.

Deglycyrrhiziniertes Süßholz

Deglycyrrhiziniertes Süßholz (DGL) ist ein adaptogenes Kraut, das häufig verwendet wird, um die Gesundheit der Darmschleimhaut und des Zwölffingerdarms zu unterstütze beziehungsweise wiederherzustellen. Beachten Sie, dass Lakritzbonbons Glycyrrhizin enthalten, das Bluthochdruck verursachen kann. Daher ist es am besten, DGL in Kräuterform zu konsumieren.

Aloe Vera-Extrakt

Aloe vera ist allgemein als Mittel gegen Sonnenbrand bekannt, aber es kann tatsächlich auch sehr hilfreich sein, um einen durchlässigen Darm zu unterstützen. Aloe vera hat entzündungshemmende Eigenschaften und hilft, das Säure-Basen-Gleichgewicht im Darm aufrechtzuerhalten.

Zink-Carnosin

Zink-Carnosin ist ein essentielles Spurenelement – ein Mangel daran ist leider weit verbreitet. Es trägt nachweislich zur Unterstützung einer gesunden Darmschleimhaut bei und ist allgemein für seine wundheilenden Eigenschaften bekannt, sodass es grundsätzlich für die Heilung der Schleimhäute geeignet ist.

ULTIMATE GUT SUPPORT

Praktischerweise sind alle diese Ergänzungsmittel (und weitere) in meinem Ergänzungsmittel Ultimate Gut Support enthalten. Die Darmschleimhaut muss die richtige Durchlässigkeit haben, damit verhindert wird, dass Toxine, Mikroben und Allergene in den Blutkreislauf gelangen, Nährstoffe jedoch aufgenommen werden können. Erfahren Sie mehr über dieses Ergänzungsmittel auf Seite 172.

URSACHE 4

DARMINFEKTIONEN

Mikrobielle und Pilzinfektionen sowie Histaminintoleranz gehen oft Hand in Hand und können unterschiedliche Formen annehmen. Im Folgenden sind die Darminfektionen aufgeführt, die bisher mit Histaminintoleranz in Verbindung gebracht wurden.

HELICOBACTER PYLORI

Helicobacter pylori oder einfach *H. pylori* ist ein Bakterienstamm, den fast die Hälfte der Bevölkerung in sich trägt. Er kann die Magenschleimhaut infizieren und laut Studien Geschwüre und andere gastroduodenale Erkrankungen verursachen. Dieser Bakterienstamm ist in der Lage, auch das Gewebe im Dünndarm zu schädigen und Entzündungen zu verursachen. Zu den Symptomen einer *H. pylori*-Infektion gehören die folgenden:

- Übelkeit
- Häufiges Aufstoßen
- Blähungen
- Ungeklärte Gewichtsabnahme
- Appetitlosigkeit
- Unterleibsschmerzen, die schlimmer sind, wenn Ihr Magen leer ist
- Ein schmerzendes oder brennendes Gefühl im Unterleib

Sie können den Bakterien über Gegenstände, Lebensmittel, Wasser und Speichel einer infizierten Person ausgesetzt sein. Viele Menschen leben mit *H. pylori*, haben aber keine Symptome oder sie leiden unter Reflux und Sodbrennen, werden aber nie auf dieses Bakterium getestet, sodass es unentdeckt bleibt.

H. PYLORI UND HISTAMIN

Obwohl sich die Erforschung des Zusammenhangs zwischen *H. pylori* und Histamin noch im Anfangsstadium befindet, wissen wir, dass *H. pylori* dazu beiträgt, dass mehr Histamin von den Mastzellen in der Darmschleimhaut produziert wird. Wir wissen auch, dass *H. pylori* die Darmschleimhaut durchlässiger macht; die unverdauten Nahrungspartikel, die durchgelassen werden, können allergische Reaktionen auslösen. Die Bakterien bohren buchstäblich winzige Löcher in Ihren Darm und setzen Sie so allen Gefahren des Leaky-Gut-Syndroms aus.

Eine *H. pylori*-Infektion wird auch mit einem niedrigeren Magensäurespiegel, Müdigkeit, Parasiten, Mineralstoffmangel, Autoimmunerkrankungen, Leberproblemen und einer Reihe anderer Probleme in Verbindung gebracht. Die Infektion neigt dazu, sich im Laufe der Zeit zu verschlimmern, wenn sie nicht behandelt wird. Das bedeutet, dass Ihre Histaminintoleranz-Symptome mit der Zeit wahrscheinlich ebenfalls zunehmen werden, sofern Sie die *H. pylori*-Infektion nicht behandeln.

TESTEN AUF *H. PYLORI*

Es ist wichtig, die richtigen Tests durchzuführen, um herauszufinden, ob Sie *H. pylori* haben. Die meisten Labore sind dazu in der Lage. Ihr Arzt wird Ihnen einen Atemtest, einen Stuhltest oder einen Bluttest vorschlagen.

NAHRUNGSERGÄNZUNG

Mastixgummi, S-Methylmethionin (Vitamin U) und DGL sind erfolgreich zur Behandlung von *H. pylori* eingesetzt worden. Andere nützliche Ergänzungsmittel sind Schwarzkümmel (Nigella sativa), Brokkolisprossen, Knoblauch, Propolis und Kanadische Gelbwurz.

GESUND WERDEN

Die Reduzierung von Stress ist bei einer *H. pylori*-Erkrankung von Vorteil, da Stress die Symptome nur verschlimmert und die natürliche Immunreaktion stört.

SIBO

SIBO ist ein Zustand, bei dem der Mechanismus, der normalerweise die Ansammlung von Bakterien im Dünndarm verhindert, nicht funktioniert, was zu einer Überwucherung führt. Auch wenn es in Ordnung ist, eine kleine Menge an Bakterien im Dünndarm zu haben, sollte sich jedoch die Mehrheit in Ihrem Dickdarm befinden. Einige Menschen mit SIBO verfügen über zu viel Salzsäure (HCL), die im Körper zur Unterstützung der Verdauung produziert wird; aber die meisten SIBO-Betroffenen haben tatsächlich zu wenig, ein Zustand, der Hypochlorhydrie genannt wird. Ohne genügend Magensäure werden Lebensmittel einfach nicht richtig aufgespalten. Und bei unsachgemäßer Verdauung können unverdaute Lebensmittel gären, was zu weiteren Beschwerden und einer möglichen Bakterienansammlung im Dünndarm führt. Zu den häufigen Symptomen von SIBO gehören daher die folgenden:

- Unterleibsschmerzen
- Blähungen
- Durchfall oder Verstopfung (Durchfall ist viel häufiger)
- Reizdarm-Syndrom oder Reizdarm-Krankheit
- Gewichtsabnahme
- Müdigkeit
- Mangelernährung
- Hautprobleme (Akne, Ekzeme, Hautausschläge, Rosazea)
- Asthma
- Depressionen
- Nahrungsmittelempfindlichkeiten

SIBO UND HISTAMIN

Wie hängt SIBO mit der Histaminintoleranz zusammen? Wie wir bereits besprochen haben, sind bestimmte Darmbakterienarten in der Lage, Histamin zu produzieren. Wenn jemand von SIBO betroffen ist, können die Darmmikroben in seinem Verdauungssystem große Mengen an Histamin produzieren. Falls dies geschieht, ist das DAO-Enzym nicht dazu fähig, das gesamte freigesetzte Histamin loszuwerden, was zu einer Dysfunktion des Darms führt. Das Histamin kann auch im Blutkreislauf zirkulieren und in verschiedene Bereiche des Körpers gelangen sowie Symptome wie Kopfschmerzen, Ekzeme, Reizbarkeit, Atembeschwerden oder Asthma verursachen.

HAUPTURSACHEN VON SIBO

Bestimmte Medikamente – wie Immunsuppressiva und Protonenpumpenhemmer wie Omeprazol – können für das Auftreten von SIBO verantwortlich sein. Es kann auch durch Bauchoperationen, Zöliakie, Diabetes, Divertikulose und Pankreatitis hervorgerufen werden. Das Alter kann ebenfalls ein weiterer Faktor sein, einfach weil unser Verdauungssystem mit der Zeit träger wird. Darüber hinaus ist ein niedriger HCL-Spiegel möglicherweise eine Ursache für SIBO.

TESTEN AUF SIBO

Wenn Sie den Verdacht haben, dass Sie von SIBO betroffen sind, empfehle ich Ihnen den Laktulose-Atemtest von NUNM SIBO Lab oder BioHealth Laboratory und einen Bluttest, der bei Cyrex Laboratories erhältlich ist [Anm. d. Red: Zum Beispiel auf www.drgut.eu/atemtest]. Sie können diese Tests im Zusammenhang mit meinem Online-Programm bestellen.

Das Testen auf SIBO kann knifflig sein, weil die Tests nicht immer zuverlässig sind. Der Laktulose-Atemtest ist ein nichtinvasiver Test, bei dem der Patient Laktulose zu sich nimmt. Laktulose wird von unserem Gastrointestinaltrakt schlecht absorbiert, weil wir nicht die notwendigen Enzyme haben, um sie abzubauen. Das bedeutet, dass die Laktulose unverändert bis zum Ende des Dünndarms gelangt, was bei der Diagnose jeder Art von bakterieller Überwucherung im distalen Teil des Dünndarms hilft.

Einige Ärzte verwenden den Glukose-Atemtest, aber dieser Test hat seine Nachteile. Da Glukose verdaulich ist, kann sie verarbeitet sein, bevor sie überhaupt das distale Ende des Dünndarms erreicht hat. Dadurch wird es schwieriger, eine bakterielle Überwucherung zu erkennen.

NAHRUNGSERGÄNZUNG

Eine Betain-HCL-Ergänzung kann für diejenigen hilfreich sein, die nicht genug Magensäure produzieren, um so die Verdauung zu unterstützen. Denken Sie daran, dass Sie nicht zu viel von diesem Präparat einnehmen, sondern nur so viel, dass die natürliche Fähigkeit Ihres Körpers, Magensäure zu produzieren, nicht überschritten wird.

Verdauungsenzyme sind bei SIBO ebenfalls wichtig, da sie Ihrem Verdauungssystem den Schub geben, den es braucht, um Nahrungsmittel richtig aufzuspalten. Ich empfehle außerdem eine Handvoll antimikrobieller Nahrungsergänzungsmittel, wie zum Beispiel die folgenden:

- Oregano-Öl
- Thymian-Öl
- Caprylsäure
- Undecylensäure
- Grapefruitkernextrakt
- Berberin
- Monolaurin
- Partiell hydriertes Guarkernmehl
- Atrantil (Diese Ergänzung empfehle ich normalerweise während der zweiten Behandlungsrunde, wenn SIBO immer noch vorhanden ist, nachdem Sie andere Ergänzungsoptionen mindestens 60 Tage lang verwendet haben.)

Beginnen Sie nicht mit der Einnahme all dieser Ergänzungsmittel, nur weil Sie vermuten, dass Sie SIBO haben. Viele Darmprobleme können sich gegenseitig imitieren, daher sind Tests extrem wichtig, um die richtige Diagnose zu stellen. Es gibt auch viele Kombinationspräparate, und der richtige Therapeut oder mein Online-Programm können Ihnen helfen, den passenden Behandlungsplan für Sie festzulegen.

GESUND WERDEN

Entfernen Sie Gluten, Getreide, Zucker und Milchprodukte aus Ihrer Ernährung. Nehmen Sie Verdauungsenzyme mit Betain HCL ein (siehe oben). Überprüfen Sie alle Medikamente, die Sie konsumieren, um zu sehen, ob es eine Verbindung zu einem möglichen Auslöser von SIBO gibt.

CANDIDA UND PILZÜBERWUCHERUNG IM DÜNNDARM

Candida ist eine weitere, nur allzu häufige Ursache für Histaminintoleranz. Dabei handelt es sich um einen Pilz, der sowohl bei der Nährstoffaufnahme als auch bei der Verdauung hilft; aber wenn er in zu großen Mengen vorhanden ist, ist er in der Lage, die Wände der Darmschleimhaut aufzubrechen und in den Blutkreislauf zu gelangen. Dies führt als Nebenprodukt zur Freisetzung von Giftstoffen und kann Leaky Gut zur Folge haben. Zu den klassischen Symptomen einer Candida-Überbesiedelung gehören:

- Verlangen nach Süßem
- Schlechter Atem

- Weißer Belag auf der Zunge (auch bekannt als Mundsoor)
- Hormonelle Unausgewogenheit
- Chronische Müdigkeit
- Geschwächtes Immunsystem
- Häufige Blähungen und Völlegefühl
- Hirnnebel
- Gelenkschmerzen
- Verminderter Sexualtrieb
- Häufige Harnwegsinfektionen

Beachten Sie, dass die oben genannten Symptome mit vielen verschiedenen Dingen zusammenhängen können, zum Beispiel mit Parasiten (Seite 34). Aus diesem Grund ist es wichtig, die Erkrankung nicht nur aufgrund der Symptome zu behandeln, sondern Tests durchzuführen.

Die Überwucherung des Dünndarms mit Pilzen (SIFO) ist ein weiteres Phänomen, das Chris Kresser, ein führender Experte für funktionelle Medizin, und einige andere Ärzte zu diskutieren beginnen. Dieser Zustand ist ähnlich wie SIBO, aber die Überwucherung ist pilzartig und nicht bakteriell. Einige Patienten, die unerklärliche gastrointestinale Probleme haben und denen es durch eine Behandlung nicht besser geht, leiden möglicherweise an SIFO. Dieser Zustand wird oft übersehen und häufig als SIBO fehldiagnostiziert.

HAUPTURSACHEN VON CANDIDA

Es gibt eine Reihe möglicher Ursachen für eine Candida-Überwucherung. Die häufige Einnahme von Antibiotika, oft über einen langen Zeitraum, ist eine der Hauptursachen. Antibiotika töten im Verdauungssystem sowohl die schlechten als auch die guten Bakterien. Dies kann zu einem Problem werden, da eine der Aufgaben der guten Bakterien in Ihrem Darm darin besteht, das Candida-Wachstum unter Kontrolle zu halten.

Die Einnahme von Antibabypillen ist ein weiterer wichtiger Risikofaktor. Bei einigen Frauen treten häufiger Hefepilzinfektionen auf, wenn sie die Antibabypille nehmen. Eine andere Klasse von Medikamenten, auf die wir achten müssen, sind orale Kortikosteroide. Dinge wie Inhalatoren können zu einer oralen Candida-Überwucherung führen, wenn Sie nicht die richtige Vorsichtsmaßnahme befolgen und den Mund nach jeder Anwendung mit Wasser ausspülen.

Andere Candida-Risikofaktoren sind Diabetes, ein geschwächtes Immunsystem oder eine Autoimmunerkrankung.

CANDIDA UND HISTAMIN

Nachdem wir nun ein wenig mehr über Candida wissen, lassen Sie uns über den Zusammenhang zwischen Candida-Überwucherung und Histaminintoleranz sprechen. Candida ist nicht nur ein Problem an sich, sondern auch ein Problem für diejenigen, die mit einer Histaminintoleranz zu tun haben, weil es möglicherweise dieses Problem verschlimmert. Candida kann eine Histaminfreisetzung auslösen, weil das Immunsystem wie bei jeder Infektion reagiert und Histamin freisetzt. Studien zeigen, dass eine Candida-Infektion Mastzellen dazu bringen kann, Mediatoren freizusetzen, während sie damit beschäftigt sind, die Infektion abzutöten. Das Problem besteht darin, dass Histamin in Mastzellen lebt. Wenn also Tonnen von Mastzellen auf eine Infektion wie eine Candida-Überwucherung reagieren, kann eine Menge Histamin freigesetzt werden. Wie Sie sehen, ist dies möglicherweise ein echtes Problem für jemanden mit einer Histaminintoleranz. Eine Candida-Infektion ist auch in der Lage, die DAO-Enzyme zu reduzieren, wodurch Ihre Fähigkeit, Histamin richtig abzubauen, verringert wird.

TESTEN AUF CANDIDA

Bei einer Candida-Überwucherung ist es wichtig, die Infektion in den Griff zu bekommen, um die Histaminmenge im Körper zu reduzieren. Wenn Sie vermuten, dass Sie Candida haben, empfehle ich persönlich spezielle Stuhltests, die eine Pilzüberwucherung im Stuhl nachweisen können. Mit Bluttests kann nach Antikörpern gegen Candida gesucht werden. Einer der Nachteile eines Bluttests ist jedoch, dass Sie nicht wissen, ob eine aktuelle Infektion vorliegt oder ob die Antikörper von einer früheren Candida-Infektion stammen. Schließlich ist möglicherweise ein Urintest hilfreich, weil D-Arabinitol, ein Marker für organische Säuren, der im Urin zu finden ist, dazu beitragen kann, eine Pilzüberwucherung zu erkennen.

Trotz dieser Möglichkeiten gibt es keinen perfekten Test. Jeder Test hat seine eigenen Nachteile, aber insbesondere die Stuhl- und Urintests können bei der Diagnose von Candida hilfreich sein.

DIE BEDEUTUNG DER ERNÄHRUNG BEI DER BEHANDLUNG VON CANDIDA

Wenn Sie unter Candida leiden, gibt es einige Schritte, die Sie unternehmen können, um die Krankheit in den Griff zu bekommen. Der erste Ansatzpunkt ist die Ernährung. In den folgenden Kapiteln werde ich noch ausführlicher über die Bedeutung einer histaminarmen Ernährung sprechen und wie man sie beginnt, aber im Fall von Candida ist es entscheidend, Zucker, Alkohol und raffinierte Kohlenhydrate wegzulassen. Diese tragen alle zur Candida-Überwucherung bei und müssen aus Ihrer Ernährung entfernt werden, um die Infektion unter Kontrolle zu bekommen. Ersetzen Sie diese Lebensmittel durch vollwertige, nahrhafte, histaminarme und entzündungshemmende Lebensmittel, um die Candida-Infektion zu bekämpfen.

Es ist auch wichtig zu wissen, dass Sie nicht alle Kohlenhydrate vermeiden müssen, um Candida loszuwerden. Ich verwende in meiner Praxis einen kohlenhydratarmen Diätansatz anstelle einer kohlenhydratfreien (Candida-)Diät.

GESUND WERDEN

Wenn Sie an einer Candida-Überwucherung leiden, sollten Sie wissen, dass es natürliche Wege gibt, um den Heilungsprozess zu unterstützen, und je schneller Sie die Infektion beschränken, desto besser werden Sie sich fühlen. Indem Sie geeignete Nahrungsergänzungsmittel einnehmen, die richtigen Tests durchführen lassen und die notwendige Ernährungsumstellung vornehmen, können Sie die erforderlichen Schritte einleiten, um Candida und Histamin in Ihrem Körper zu reduzieren. Lesen Sie weiter, um mehr über einen spezifischen histaminarmen Ernährungsplan zu erfahren, der auch bei einer zugrunde liegenden Candida-Infektion helfen kann.

NAHRUNGSERGÄNZUNG

Es gibt auch einige natürliche Nahrungsergänzungsmittel, die Sie einnehmen können. Schulmediziner werden wahrscheinlich antimykotische Medikamente verschreiben, aber Candida-Infektionen sind oft resistent gegen diese Medikamente. Stattdessen empfehle ich meinen Patienten mit Candida die folgenden wirkungsvollen Nahrungsergänzungsmittel.

Kokosöl

Kokosöl ist sehr beliebt bei der Bekämpfung einer Candida-Infektion. Es ist reich an Capryl- und Laurinsäure, die als natürliche Antimykotika wirken. Bestimmte Extrakte können auch eine verstärkte

Wirkung erzielen. Mit Monolaurin- und Caprylsäure-Präparaten erreichen Sie zum Beispiel einen höheren Gehalt an Laurin- und Caprylsäure als mit Kokosöl allein.

Oregano- und Thymian-Öle

Oregano-Öl wird häufig eingesetzt, um das Immunsystem zu unterstützen und Infektionen abzuwehren, weshalb es für Menschen mit Candida-Überwucherung so nützlich ist. Thymian-Öl kann ebenfalls hilfreich sein, aber bitte beachten Sie, dass sowohl Oregano- als auch Thymian-Öl sehr intensiv wirken, sodass es am besten ist, mit einem Heilpraktiker zusammenzuarbeiten, bevor Sie sie verwenden.

Biofilm-Unterbrecher

Hefepilze können einen Biofilm bilden, um darin zu leben, was es Ihrem Immunsystem oder natürlichen antimikrobiellen Mitteln erschwert, die überschüssigen Hefepilze loszuwerden. Ein Biofilm unterbrechendes Nahrungsergänzungsmittel kann daher hilfreich sein – N-Acetylcystein und Biofilm Defense funktionieren gut.

Zusätzliche rein natürliche Antipilzmittel

Denken Sie an meine Empfehlung, mit einem Therapeuten zusammenzuarbeiten, bevor Sie mit der Einnahme eines neuen Nahrungsergänzungsmittels beginnen. Es gibt eine Reihe von pflanzlichen Stoffen, die gut zur Bekämpfung von Candida geeignet sind:

- Katzenkralle
- Bärentraube (oder Uva-Ursi genannt)
- Baikal-Helmkraut
- Pau d'arco (auch Lapacho oder Taheebo genannt)
- Koptis (auch Goldfaden genannt)
- Berberitze
- Gewöhnliche Mahonie

PARASITEN

Parasiten gehören nicht zu den Dingen, über die wir gerne sprechen. Wir fürchten sie und viele Menschen meinen, dass man sie nur auf Reisen in fremden Ländern bekommen kann. Die Wahrheit ist jedoch, dass ich viele Patienten kenne, die von Parasiten befallen sind und nicht einmal wissen, dass sie sie haben!

Wenn Menschen an Parasiten denken, assoziieren sie häufig Würmer, aber Dinge wie Protozoen und Hefe werden auch als Darmparasiten betrachtet. Alle Parasiten haben gemeinsam, dass sie Nährstoffe und nützliche Bakterien aus dem Darm stehlen und auf ihren Wirt (uns) angewiesen sind, um am Leben zu bleiben.

WÜRMER

Würmer sind Parasiten, die über Nahrungsquellen wie ungewaschenes Obst und Gemüse sowie ungekochtes oder nicht ausreichend gegartes Fleisch aufgenommen werden können. Es gibt verschiedene Arten von Würmern, darunter Spulwürmer, Bandwürmer, Madenwürmer und Hakenwürmer. Die Eier der Würmer gelangen mit der Nahrung in den Körper und die Würmer schlüpfen dann in den Därmen. Noch schlimmer ist allerdings, dass Sie von den Würmern krank werden, wenn ihre Fäkalien durch den Darm aufgenommen werden und in den Blutkreislauf geraten.

Darmwürmer fressen auch die Nahrung, die Sie zu sich nehmen, bevor Ihr Körper die Chance hat, sie zu verarbeiten, was zu Mangelernährung führen kann. In einigen Fällen können parasitäre Würmer, wenn sie über einen längeren Zeitraum unbehandelt bleiben, Organschäden zur Folge haben, falls sie in den Blutkreislauf oder die Leber gelangen. Leider sind Würmer viel häufiger als wir glauben und können leicht durch eine Vielzahl von Lebensmitteln aufgenommen werden.

PROTOZOEN

Eine parasitäre Infektion mit Protozoen geschieht durch verunreinigtes Wasser, wodurch Giardien (Dünndarm-Parasiten) entstehen können, die möglicherweise schwere Verdauungsbeschwerden wie Durchfall, Krämpfe und Übelkeit hervorrufen. Alle diese Symptome zusammen sind in der Lage, zu Dehydrierung zu führen.

SYMPTOME VON PARASITEN

Parasitäre Infektionen können eine ganze Reihe von Symptomen und Problemen verursachen. Einige der häufigsten Symptome sind:

- Verdauungsprobleme (Durchfall, Verstopfung, Übelkeit, Blähungen, Hefepilzinfektion)
- Chronische Allergien
- Hautprobleme
- Angstzustände, Depressionen, Verwirrung
- Müdigkeit
- Gewichtsabnahme
- Appetitveränderungen (sowohl ein Appetitverlust als auch das Gefühl, den Hunger nicht stillen zu können)
- Anämie
- Rektaler Juckreiz
- Ringe unter den Augen
- Schlechter Atem

Viele dieser Symptome entstehen dadurch, dass die Parasiten die Nährstoffe, die Sie zu sich nehmen, rauben, was zu einer Mangelernährung führt. Andere Symptome, wie zum Beispiel Verdauungsbeschwerden, können durch die Infektion selbst ausgelöst werden. Wie auch immer, denken Sie daran, nach Symptomen zu suchen und testen zu lassen, nicht zu raten!

WIE BEKOMMEN WIR PARASITEN?

Wir haben darüber gesprochen, dass Würmer in der Regel durch die Aufnahme von infizierten Lebensmitteln erworben werden, aber es gibt auch andere Wege, wie wir uns mit Parasiten infizieren können. In meiner Praxis haben die meisten von Parasiten betroffenen Patienten Katzen. Das liegt daran, dass die Übertragung eines Parasiten sehr einfach ist und bereits durch einfaches Streicheln eines infizierten Haustiers erfolgen kann. Verunreinigtes Wasser ist ebenfalls eine Quelle für Parasiten. Kleine Kinder neigen dazu, Parasiten durch Berührungen über die Haut zu übertragen, da sie sich nicht so häufig die Hände waschen wie ältere Kinder und Erwachsene.

PARASITEN UND HISTAMIN

Nachdem wir nun ein wenig mehr über Parasiten wissen und wie wir sie bekommen, lassen Sie uns darüber sprechen, in welcher Verbindung sie mit Histaminintoleranz stehen. Erinnern Sie sich daran, dass Mastzellen während einer Immunreaktion Histamin und andere Entzündungsstoffe freisetzen? Nun, Mastzellen setzen Histamin frei, um bestimmte Infektionen einschließlich Parasiten abzuwehren. Bei Menschen mit Histaminintoleranz kann die übermäßige Menge an Histamin, die von den Mastzellen freigesetzt wird, zu einer ganzen Reihe von Symptomen führen, weil das Histamin nicht richtig abgebaut wird.

TESTEN AUF PARASITEN

Dazu verwende ich immer die GI-Map-Stuhltests. Allerdings ist ein Stuhltest nicht immer geeignet, einen Parasiten aufspüren, weswegen es spezifischere Tests gibt, die man bei Bedarf bestellen kann.

Da Tests teuer sein können, habe ich einen Behandlungsplan erstellt, der helfen kann,

Parasiten, Bakterien und Hefeüberwucherungen aus dem Darm zu entfernen. Mein Ultimate Gut Support Kit enthält viele der Inhaltsstoffe, die ich in diesem Abschnitt besprochen habe, sowie Verdauungsenzyme und Leaky Gut Support. Die Mittel sind über meinen Webshop (DrBecky-Campbell.com) erhältlich.

GESUND WERDEN

Eine Möglichkeit, Parasiten loszuwerden, besteht darin, für diese eine unwirtliche Umgebung zu schaffen. Um dies zu erreichen, müssen Sie Zucker und künstliche Süßstoffe aus Ihrer Ernährung streichen, ebenso wie Milchprodukte und Getreide.

Nehmen Sie stattdessen pflanzliche Lebensmittel zu sich, erhöhen Sie die Aufnahme von Ballaststoffen, um die Parasiten auszuspülen, und fügen Sie Ihrer Ernährung die folgenden Lebensmittel hinzu, die sowohl Parasiten abwehren als auch für einen histaminarmen Ernährungsplan geeignet sind:

- Roher Knoblauch
- Rote Bete
- Granatäpfel
- Karotten
- Kokosöl (Kokosnuss ist für Menschen mit Histaminintoleranz möglicherweise nicht geeignet; wie Sie sehen werden, befindet sich dieses Lebensmittel auf der Vielleicht-Liste auf Seite 53)
- Apfelessig (Apfelessig ist für Menschen mit einer Histaminintoleranz möglicherweise nicht geeignet, weshalb er auch auf der Vielleicht-Liste auf Seite 53 zu finden ist)

NAHRUNGSERGÄNZUNG

Wenn Sie Parasiten haben, können Sie die folgenden Nahrungsergänzungsmittel in Betracht ziehen:

- Oregano-Öl
- Nelken-Öl
- Mimosa pudica
- L-Glutamin
- Zink
- Gelbwurzel
- Schwarznuss
- Grapefruitkernextrakt
- Wermutkraut

URSACHE 5

ENTZÜNDLICHE MAGEN-DARM-ERKRANKUNGEN

Chronisch-entzündliche Darmerkrankungen (CED) und andere entzündliche Verdauungserkrankungen sind aufgrund ihrer inflammatorischen Auswirkungen auf den Körper eng mit Problemen im Zusammenhang mit niedrigem DAO verbunden. Bei Menschen, die an entzündlichen Darmerkrankungen leiden, kann auch der Histaminspiegel im Darm erhöht sein. Die vorhandene Histaminmenge spiegelt oft das Ausmaß der entsprechenden Entzündung wider.

Ich möchte hier ein paar unterschiedliche entzündliche Darmerkrankungen besprechen.

CED ist ein Begriff, der verwendet wird, um chronisch entzündliche Erkrankungen des Verdauungstrakts zu beschreiben. Sowohl Morbus Crohn als auch Colitis ulcerosa werden unter dem Begriff CED zusammengefasst. Wenn Sie an CED erkrankt sind, können Sie Phasen mit schweren Symptomen und Phasen der Remission durchlaufen.

Zwar ist die genaue Ursache von CED nicht bekannt, doch es gibt einige Faktoren, die Sie einem erhöhten Risiko aussetzen können, einschließlich schlechter Ernährungs- und Lebensgewohnheiten sowie chronischem Stress. Jede Art von Fehlfunktion des Immunsystems kann ebenfalls ein Risikofaktor sein, da eine falsche Immunreaktion in der Lage ist, das Immunsystem zu veranlassen, gesundes Verdauungsgewebe anzugreifen. Eine entsprechende familiäre Vorbelastung stellt möglicherweise ebenfalls ein erhöhtes Risiko für die Entwicklung von CED dar. Denken Sie jedoch daran, dass CED bei jedem auftreten kann, egal ob es in seiner Familie vorkommt oder nicht.

Schauen wir uns nun zwei spezifische Erkrankungen an, die unter dem Begriff CED zusammengefasst werden.

MORBUS CROHN

Morbus Crohn ist eine Form von CED, die meist das Ende des Dünndarms und den Anfang des Dickdarms betrifft; es kann jedoch jeder Teil des Magen-Darm-Trakts betroffen sein, vom Mund bis zum Anus. Wichtig zu wissen ist, dass die Symptome von Morbus Crohn von Person zu Person variieren können, aber zu den häufigsten Symptomen gehören die folgenden:

- Dringender Drang, den Darm zu entleeren
- Rektale Blutungen
- Verstopfung
- Abdominaler Schmerz
- Krämpfe im Unterleib
- Durchfall
- Gewichtsabnahme
- Appetitlosigkeit
- Müdigkeit
- Fieber

GESUND WERDEN

Bei der Behandlung von Morbus Crohn ist es wichtig, alle Nahrungsmittel zu meiden, auf die Sie empfindlich reagieren. Da keine zwei Menschen die exakt gleichen Empfindlichkeiten gegenüber Nahrungsmitteln haben, ist ein richtiger Test der Schlüssel, um herauszufinden, welche Nahrungsmittel für Sie geeignet sind und welche nicht. Häufige Übeltäter sind kohlensäurehaltige Getränke, Alkohol, Koffein, Gluten, Milchprodukte und Getreide. Indem Sie die entzündungsfördernden Lebensmittel weglassen, können Sie Ihren Darm besser unterstützen.

Eine nährstoffreiche Ernährung ist grundsätzlich eine gute Möglichkeit, Ihren Körper zu stärken, wenn Sie von dieser entzündlichen Erkrankung betroffen sind. Auch eine histaminarme Ernährung kann sehr vorteilhaft sein, wenn Sie an Morbus Crohn in Verbindung mit einer Histaminintoleranz leiden.

NAHRUNGSERGÄNZUNG

Es gibt einige Nahrungsergänzungsmittel, von denen bekannt ist, dass sie bei einer entzündlichen Darmerkrankung wie Morbus Crohn unterstützend wirken.

Ulmenrinde

Ulmenrinde eignet sich hervorragend für Menschen mit Morbus Crohn, da das Mittel beruhigend wirkt und dazu beitragen kann, das Darmgewebe zu schützen und die Gewebeheilung zu fördern. Es ist auch in der Lage, die Schleimhäute des Verdauungstrakts zu beschichten, sodass die Einnahme eines Ulme-Präparats eine großartige Möglichkeit ist, die allgemeine Darmgesundheit zu unterstützen und bei einem Aufflackern der Beschwerden zu helfen.

Probiotika

Probiotika können für Menschen mit Morbus Crohn hilfreich sein. Da sie für manche Menschen mit Histaminintoleranz jedoch möglicherweise problematisch sind, werde ich auf Seite 172 ausführlicher auf Probiotika eingehen.

Kurkuma

Als eines der stärksten entzündungshemmenden Nahrungsergänzungsmittel eignet sich Kurkuma hervorragend zur Verringerung der allgemeinen Entzündung und kann sogar bestimmte Symptome im Zusammenhang mit Morbus Crohn reduzieren.

L-Glutamin

L-Glutamin hilft nicht nur bei Leaky Gut, sondern kann auch für Menschen mit Morbus Crohn von Vorteil sein, da es den Darm unterstützt.

Omega-3-Fettsäuren

Omega-3-Fettsäuren enthalten starke entzündungshemmende Eigenschaften, die für Menschen mit Morbus Crohn hilfreich sind.

COLITIS ULCEROSA

Eine weitere Form von CED ist Colitis ulcerosa. Diese Erkrankung unterscheidet sich von Morbus Crohn dadurch, dass sie den Dickdarm betrifft. Colitis ulcerosa wird nach dem Ort, an dem sie auftritt, kategorisiert und kann als ulzerative Proktitis, Proktosigmoiditis, linksseitige Colitis, Pankolitis oder akute schwere Colitis ulcerosa klassifiziert werden.

Die Symptome dieser entzündlichen Erkrankung neigen dazu, sich langsamer zu entwickeln, und es ist weniger wahrscheinlich, dass sie plötzlich auftreten. Unbehandelt kann Colitis ulcerosa zu einem sehr ernsthaften Problem werden. Einige der häufigsten Symptome, die mit Colitis ulcerosa einhergehen, sind folgende:

- Gewichtsverlust
- Müdigkeit
- Durchfall
- Abdominaler Schmerz
- Unterleibskrämpfe
- Unfähigkeit, trotz plötzlichen Drangs Stuhlgang zu haben
- Rektale Blutungen und Schmerzen

Wie bei Morbus Crohn variieren die Symptome von Person zu Person, und manche leiden mehr als andere. Auch ein vorübergehendes Nachlassen der Krankheitssymptome ist möglich und es kann sein, dass dies für eine längere Zeit anhält, bevor die Symptome zurückkehren.

Es ist bekannt, dass Diät- und Lebensstilfaktoren wie Stress Colitis ulcerosa verschlimmern, und auch eine Erkrankung des Immunsystems kann das Risiko erhöhen. Wenn Ihr Immunsystem nicht richtig funktioniert, greift es möglicherweise beim Versuch, Krankheitserreger abzuwehren, gesundes Verdauungsgewebe an. Die Familienvorgeschichte kann ebenso eine Rolle spielen, aber viele Menschen, die an Colitis ulcerosa erkranken, haben keine familiäre Vorbelastung.

GESUND WERDEN

Wenn Sie den Verdacht haben, an Colitis ulcerosa erkrankt zu sein, oder eine entsprechende Diagnose bereits gestellt wurde, gibt es einige Schritte, die Sie unternehmen können, um Ihren Körper zu unterstützen. Haben Sie zusätzlich zur Colitis ulcerosa mit einer Histaminintoleranz zu kämpfen, sollten Sie sich auf eine histaminarme Ernährung konzentrieren, wie ich sie im weiteren Verlauf dieses Buches erläutern werde.

Der Verzicht auf entzündungsfördernde und -auslösende Nahrungsmittel ist wichtig, da Colitis ulcerosa eine entzündliche Erkrankung ist. Zu den häufigsten „Food-Triggern“ für Menschen mit Colitis ulcerosa gehören Alkohol, Koffein, Milchprodukte, ballaststoffreiche Lebensmittel, Nüsse, würzige Speisen, raffinierter Zucker, Zuckeralkohole, künstliche Süßstoffe, Bohnen und Rohkost. Manche Menschen mit Colitis ulcerosa vertragen auch kein Fleisch, weshalb eine histaminarme Ernährung mit viel gekochtem Gemüse sehr vorteilhaft sein kann. Streichen Sie auch Gluten, Getreide und verpackte Lebensmittel von Ihrem Speiseplan. Genießen Sie mehr entzündungshemmende pflanzliche Lebensmittel wie histaminarmes Obst und Gemüse. Die für Morbus Crohn besprochenen Nahrungsergänzungsmittel (Seite 37) sind ebenfalls hilfreich.

Der Abbau von Stress ist ein weiterer Ansatz, der eine sehr wichtige Rolle bei der Kontrolle von Colitis ulcerosa-Symptomen spielt. Stress und Verdauungsbeschwerden gehen Hand in Hand, egal mit welcher Art von Verdauungserkrankung Sie es zu tun haben. Je besser Sie in der Lage sind, Ihren Stress zu bewältigen und mit ihm umzugehen, desto besser werden Sie sich fühlen. Sportliche Aktivität ist ebenfalls eine positive Maßnahme, denn sie hilft, Stress abzubauen und wirkt hervorragend auf die allgemeine Gesundheit.

URSACHE 6

NÄHRSTOFFMANGEL

Der Mangel an bestimmten Vitaminen oder Mineralien kann zu einer DAO-Schwäche führen und ist daher eine wichtige mögliche Ursache für eine Histaminintoleranz. Kupfer und Vitamin C sind notwendige Bestandteile der DAO-Produktion und tragen zu ihrer Steigerung bei, weswegen ein Mangel eine Abnahme des DAO-Enzyms oder eine schlechte DAO-Funktion zur Folge haben kann. Da diese Nährstoffe auch bei der Senkung des Histaminspiegels hilfreich sein können, ist es wichtig, einen möglichen Mangel auszuschließen und den Spiegel genau zu überwachen. Die meisten Menschen denken, dass wir unseren Körper von Kupfer entgiften müssen, obwohl es in Wirklichkeit um ausgewogene Werte geht.

Vitamin B6 ist wichtig, weil es der DAO hilft, Histamin abzubauen. Aber obwohl B6 für die Unterstützung der DAO entscheidend ist, können zu hohe Dosen wiederum bioverfügbares Kupfer zerstören, was zu einem Kupfermangel führt.

Außerdem ist es sinnvoll, die Werte von Zink (das im Körper eine inverse Beziehung zu Kupfer hat) und Ceruloplasmin (das Kupfer im Körper speichert und transportiert) zu testen, um herauszufinden, ob ein Kupfermangel eine mögliche Ursache für Ihre Histaminintoleranz sein könnte.

GESUND WERDEN

Wenn die Ergebnisse Ihres Bluttests auf einen Kupfermangel hinweisen, versuchen Sie, Grünkohl, Leber, eingeweichte Mandeln und Sesamsaaten (falls verträglich) in Ihre Ernährung aufzunehmen, um den Kupfergehalt zu unterstützen. Diese Lebensmittel enthalten viel Kupfer und sind gleichzeitig die histaminärmsten unter den kupferhaltigen Lebensmitteln. Wenn Sie jedoch bemerken, dass Sie diese Lebensmittel nicht gut vertragen, suchen Sie einen Arzt auf, um sich auf die anderen zuvor besprochenen Mangelzustände testen zu lassen.

URSACHE 7
GENETISCHE MUTATIONEN

Immer mehr Menschen sind daran interessiert herauszufinden, ob sie irgendeine Art von Genmutation haben. Neue DNA- und Einzelnukleotid-Polymorphismen (SNPs)-Tests haben dies viel einfacher gemacht.

Jedoch eine kleine Warnung an dieser Stelle: Genetische Tests können die berühmte „Büchse der Pandora" öffnen, von deren Inhalt Sie vielleicht nicht alles wissen wollen. Viele Firmen bieten Ihnen eine lange Liste an Nahrungsergänzungsmitteln an, die Sie aufgrund Ihrer SNPs angeblich einnehmen sollen, was vielleicht aber gar nicht notwendig ist. Einige Mutationen führen allerdings möglicherweise zu einem erhöhten Risiko einer Histaminintoleranz, weswegen diese Tests so nützlich sind.

GENE UND ENZYME, DIE AN DER HISTAMINREGULATION BETEILIGT SIND

Bevor ich auf die genetischen Mutationen eingehe, die oft mit einer Histaminintoleranz in Verbindung gebracht werden, möchte ich kurz auf die verschiedenen Gene und Enzyme und ihre Aufgaben eingehen.

MTHFR

Das MTHFR-Gen wird für die Herstellung des Enzyms Methylentetrahydrofolat-Reduktase benötigt. Dieses Enzym ist essentiell für die Verarbeitung von Aminosäuren und die Umwandlung von Homocystein in Methionin. Es spielt auch eine sehr wichtige Rolle bei der Methylierung und beim Abtransport von Giftstoffen aus dem Körper. Histamin benötigt die Methylierung, um verarbeitet und aus dem Körper ausgeschieden werden zu können.

HNMT

HNMT ist ein Gen, das für die Verarbeitung von Histamin erforderlich ist. Es ist außerdem bei der Regulierung von Histamin und dessen Abbau von Bedeutung.

SAME

S-Adenosyl-L-Methionin (SAMe) ist ein Co-Faktor von HNMT und wird auf natürliche Weise im Körper produziert. Es ist wichtig für die Bildung, Aktivierung und den Abbau von verschiedenen Hormonen, Proteinen und Medikamenten. Viele Menschen, die selbst nicht genug SAMe bilden können, nehmen zur Linderung von Angstzuständen, Depressionen, PMS, prämenstrueller Dysphorie und Fibromyalgie ein SAMe-Supplement ein.

MAO

MAO ist ein Enzym, das für den Abbau von Histamin verantwortlich ist.

DAO

DAO, das Enzym, über das wir bereits viel gesprochen haben, ist wichtig für den Abbau von im Körper angesammeltem Histamin.

N-ACETYLTRANSFERASE 2

N-Acetyltransferase 2 (NAT2) ist für die Deaktivierung von Karzinogenen und Hydrazin zuständig, eine giftige anorganische chemische Verbindung, die zur Behandlung bestimmter Krebsarten eingesetzt werden kann.

GENETISCHE ZUSAMMENHÄNGE MIT HISTAMININTOLERANZ

HNMT, ein Gen, das für die Verarbeitung von Histamin entscheidend ist, benötigt SAMe als Co-Faktor; SAMe wiederum benötigt ein funktionierendes MTHFR-Enzym, um produziert zu werden. Das ist ein Domino-Effekt: Wenn das MTHFR-Gen mutiert ist, kann die

SAMe-Produktion nicht so funktionieren, wie sie sollte, was wiederum das HNMT-Gen durcheinanderbringen kann. Dies verlangsamt möglicherweise den Abtransport von Histamin aus dem Körper und verursacht so die mit der Histaminintoleranz verbundenen Symptome. Eine MTHFR-Genmutation kann auch die Fähigkeit des Körpers zur richtigen Methylierung verringern. Methylierung ist wiederum wichtig, um Giftstoffe und angesammeltes Histamin aus dem Körper zu entfernen.

DAO, MAO, HNMT und NAT2 sind für die Verarbeitung von Histamin unerlässlich. Wenn eine dieser Substanzen in irgendeiner Weise mutiert ist, kann sie den Abtransport von Histamin aus dem Körper beeinträchtigen. Diese Störung ist in der Lage, zu einer Histaminintoleranz und den damit verbundenen Symptomen zu führen.

TESTEN AUF GENETISCHE MUTATIONEN

Um mithilfe von SNPs-Tests auf genetische Mutationen zu testen, ist der Selbsttest der Firma 23andMe zum jetzigen Zeitpunkt in vielen Ländern der Standardtest. [Anm. d. Red.: Für Kunden in Deutschland, Österreich und der Schweiz können von dieser Firma – Stand des Redaktionsschlusses – keine Gesundheitsreports erstellt werden. Das Genovia-Labor bietet aber beispielsweise spezielle Tests und Test-Kits, unter anderem für HNMT, DAO/AOC1 und Zöliakie, an: www.gen-test-online.de. Allerdings sollte Ihr Arzt oder Heilpraktiker immer Ihre erste Anlaufstelle sein, dieser kann dann maßgeschneiderte Untersuchungen durchführen lassen.]

Die Kenntnis etwaiger Genmutationen ist der erste Schritt zur Aufdeckung einer möglichen genetischen Anfälligkeit für Histaminintoleranz. Jedoch ist, auch wenn Sie eine Genmutation haben, noch nicht alles verloren. Es gibt viele Dinge, die Sie tun können, um sich besser zu fühlen.

GESUND WERDEN

Wenn bei Ihnen eine MTHFR-Genmutation vorliegt, haben Sie die Möglichkeit,

- natürliches Folat zu sich zu nehmen und sich von Folsäure fernzuhalten (eine großartige Folatquelle ist dunkles Blattgemüse, das auch histaminarm ist);
- Probleme mit der Verdauungsgesundheit, wie zum Beispiel einen undichten Darm und das Reizdarmsyndrom, zu unterstützen;
- zu versuchen, Stress und Ängste mit Achtsamkeitstraining, Gebet oder Qigong zu bewältigen;
- die natürliche Fähigkeit Ihres Körpers zu stärken, sich selbst zu entgiften, indem Sie Sport treiben, viel Wasser trinken, Ihre Haut trocken bürsten und viel histaminarmes Gemüse essen.

URSACHE 8
BESTIMMTE MEDIKAMENTE

Bestimmte Medikamente wie NSAIDs, Antidepressiva, Immunmodulatoren, Antiarrhythmika, Antihistaminika und Histaminblocker können alle eine niedrige DAO zur Folge haben. Viele Menschen sind verwirrt, wenn sie Histaminblocker mit Famotidin oder Cimetidin auf der Liste der Medikamente sehen, die in der Lage sind, zu einer niedrigen DAO zu führen. Antihistaminika können jedoch in der Tat eine Schwächung der DAO im Körper auslösen, was die Histaminintoleranz wiederum verschlimmert.

MEDIKAMENTE, DIE SIE MEIDEN SOLLTEN

Hier ist eine Liste von Medikamenten beziehungsweise Wirkstoffen, von denen bekannt ist, dass sie entweder eine Histaminintoleranz verursachen oder den Zustand durch Hemmung des DAO-Enzyms verschlimmern:

- Acetylcystein
- Ambroxol
- Amilorid
- Aminophyllin
- Amitriptylin
- Aspirin
- Cefotiam
- Cefuroxim
- Cimetidin
- Ciprofloxacin
- Cyclophosphamid
- Diazepam
- Haloperidol
- Kontrastmittel
- Metamizol
- Metoclopramid
- Naproxen
- Narkotika
- Noscapin
- Pancuronium
- Prilocain
- Verapamil

GESUND WERDEN

Überprüfen Sie die Medikamente, die Sie einnehmen, mit einem erfahrenen und aufgeschlossenen Arzt, um zu sehen, ob ein bestimmtes Medikament die Histaminintoleranz auslöst und was dagegen getan werden kann. Setzen Sie keine Medikamente ohne ärztlichen Rat ab und beginnen Sie nicht eigenständig mit der Einnahme von Medikamenten.

NÄCHSTE SCHRITTE

Eine Histaminintoleranz zu haben, kann überwältigend und verwirrend sein. Es gibt jedoch eine Reihe von Dingen, die Sie tun können, um sich besser zu fühlen und Ihren Histaminspiegel unter Kontrolle zu bekommen. Bevor ich auf diese Möglichkeiten und Maßnahmen eingehe, möchte ich darauf hinweisen, dass bei der Behandlung von Histaminintoleranz der gesamte Körper unterstützt werden muss. Wenn nur ein Teil des Körpersystems keine Hilfe erfährt und aus dem Gleichgewicht gerät, werden Ihre Versuche, das Histamin unter Kontrolle zu bringen, nicht funktionieren.

So sind Sie zwar in der Lage, sehr hart an der Umstellung Ihrer Ernährung zu arbeiten, sollten aber nicht übersehen, dass eine gesündere Lebensweise und die Unterstützung anderer Bereiche des Körpers genauso wichtig sind. Zum Beispiel könnten Sie sich zwar besser ernähren, histaminreiche Lebensmittel meiden und Stress reduzieren, aber eventuell eine nicht-diagnostizierte Darminfektion nicht berücksichtigen. Ohne die Behandlung dieser Infektion werden Sie sich nicht so gut fühlen, wie es eigentlich möglich wäre. Deshalb betone ich, wie wichtig es ist, mit einem Therapeuten für funktionelle Medizin zusammenzuarbeiten oder an meinem Histaminintoleranz-Online-Kurs auf DrBeckyCampbell.com teilzunehmen, um alle Ihre Trigger aufzudecken und Ihren gesamten Körper zu unterstützen, damit Sie das absolut beste Ergebnis erzielen.

Drei

DER 4-PHASEN HISTAMIN RESET PLAN

PHASE 1

ELIMINIEREN

FINDEN SIE DIE HAUPTURSACHE

Ein umfangreicher Teil der Behandlung einer Histaminintoleranz besteht darin, die Hauptursache zu finden. Bei manchen Menschen gibt es nur eine, bei anderen gibt es mehrere. Haben Sie beim Lesen von Kapitel 2 die entscheidenden Ursachen für Ihre gesundheitliche Situation identifiziert? Dieses Kapitel wird Ihnen helfen herauszufinden, was für Ihre Symptome verantwortlich ist und wie Sie Ihre Histaminintoleranz besser in den Griff bekommen können.

LASSEN SIE HISTAMINREICHE UND ENTZÜNDUNGSFÖRDERNDE LEBENSMITTEL FÜR 1 BIS 3 MONATE WEG

Wenn Sie eine Histaminintoleranz haben oder diese vermuten, besteht der erste Schritt darin, histaminreiche und entzündliche Lebensmittel für 1 bis 3 Monate aus Ihrer Ernährung zu streichen. Keine Sorge, ich habe im nächsten Abschnitt genau beschrieben, wie Sie dies tun. Diese Lebensmittel lassen Sie dann in einer oder zwei Phasen weg, je nachdem, wie Sie darauf reagieren. Indem Sie die Diät in zwei separate Phasen aufteilen, werden Sie die Diät als weniger einschüchternd empfinden. Außerdem ist es so einfacher, genau zu bestimmen, was Ihre Symptome verursacht.

Während Phase 1 ist es sehr wichtig, ein Ernährungstagebuch zu führen (Download-Link auf Seite 57), um herauszufinden, welche Lebensmittel die unmittelbaren Symptome auslösen. Außerdem ist es entscheidend, Ihren allgemeinen Entzündungs- und Stresspegel im Auge zu behalten.

Lassen Sie mich das Konzept der Eimer-Theorie erklären. Der Gedanke ist, dass Sie eine Reaktion zeigen, sobald der „Eimer“ Ihres Körpers mit Histamin gefüllt ist. Bis zu diesem Kipp-Punkt könnten Sie symptomfrei sein. Noch wichtiger ist, dass Sie, wenn Sie sich auf entzündungsarme Lebensmittel konzentrieren, mehr Histamin aufnehmen können ohne negative Wirkung. Zusätzlich zu histaminreichen und entzündungsfördernden Lebensmitteln sind Dinge wie Stress, Umweltgifte, Hormonspiegel, Medikamente und Nährstoffmangel ebenfalls in der Lage, unseren Histamin-Eimer zu füllen.

Deshalb sind eine entzündungshemmende Ernährung, stressabbauende Aktivitäten und das Aufspüren der Ursache der Histaminintoleranz so wichtig. Die Leitlinien, denen Sie bei diesem Konzept folgen werden, entsprechen größtenteils einer Paleo-Diät (das heißt einer Ernährungsweise, die auf entzündungsarme Lebensmittel setzt) und dem Weglassen von histaminreichen Lebensmitteln. Gelegentlich werden Sie feststellen, dass

UNSER HISTAMIN-EIMER

KEINE ALLERGIE

ich einen histaminarmen Käse wie rohen Mozzarella empfehle, was eigentlich nicht Paleo ist. Aber es ist etwas, das Sie ausprobieren können, um zu sehen, wie Sie darauf reagieren.

Der Grund, warum ich nur rohen Mozzarella empfehle, liegt darin, dass rohe Milchprodukte bekanntermaßen weniger entzündliche Auswirkungen auf den Körper haben als konventionelle Milchprodukte. Wenn Sie einen entzündungs- und histaminarmen Ernährungsplan befolgen sowie die Maßnahmen, über die wir gesprochen haben, um Stress in Schach zu halten, werden Sie Ihre Entzündungswerte niedrig halten. Auch werden Sie viel eher einige histaminhaltige Lebensmittel zu sich nehmen können.

Während der ersten beiden Phasen geht es darum, sowohl histaminreiche Lebensmittel als auch einige Histaminfreisetzer und DAO-blockierende Lebensmittel zu eliminieren. Lebensmittel mit hohem Histamingehalt sind logischerweise für Menschen mit Histaminintoleranz meist sehr problematisch. Histaminfreisetzer sind Lebensmittel, die zwar nicht histaminreich sind, aber eine Histaminfreisetzung im Körper verursachen. DAO-blockierende Lebensmittel sind, wie der Name schon sagt, Lebensmittel, die DAO blockieren, das Enzym, das zum Abbau von Histamin benötigt wird.

Denken Sie daran, dass, wenn Sie an einer Histaminintoleranz leiden, dies nicht bedeutet, dass Sie diese Lebensmittel für immer aus Ihrer Ernährung streichen müssen. Die histaminarme Diät kann eine vorübergehende Maßnahme sein, bis sich Ihr Histamin- und DAO-Spiegel stabilisiert und Sie sich besser fühlen. Außerdem gebe ich Ihnen andere Methoden an die Hand, um Ihrem Körper zu helfen, diese Lebensmittel trotzdem zu vertragen. Es kann jedoch sein, dass Sie einige Lebensmittel für immer von Ihrem Speiseplan verbannen müssen.

Ich betone gegenüber meinen Patienten immer, wie wichtig es ist, während dieser Eliminationsphase positiv zu bleiben! Denn Ihre Histamin- und DAO-Werte könnten sich schneller normalisieren, als Sie denken. Halten Sie einfach die histaminarme Diät durch und führen Sie ein detailliertes Ernährungstagebuch. Je mehr Sie protokollieren, desto besser sind die Ergebnisse.

ERWÄGEN SIE EINE DIÄT MIT WENIGER EIWEIß UND MEHR GEMÜSE

Wenn Sie die histaminarme Diät befolgen, fragen Sie sich vielleicht, was Sie langfristig tun sollten. Ich rate Ihnen zu einer eiweißärmeren (wohlgemerkt, ich habe nicht „eiweißarmen" gesagt) und pflanzenreicheren Ernährung. Und warum? Weil Histamin aus Aminosäuren gebildet wird, die aus Proteinen gewonnen werden. Wenn Sie eine proteinreiche Ernährung befolgen, werden Sie natürlich auch mehr histaminreiche Lebensmittel zu sich nehmen. Während und nach der Diät empfehle ich 85 bis 110 g reines Eiweiß und zwei bis drei Portionen Gemüse pro Mahlzeit.

VERZICHTEN SIE AUF KAFFEE UND KOFFEIN

Nehmen Sie es mir nicht übel, aber es ist wichtig, Kaffee und Koffein aus Ihrer Ernährung zu streichen, wenn Sie mit einer Histaminintoleranz zu kämpfen haben. Koffein löst zwar nicht direkt die Freisetzung von Histamin aus, aber es kann die DAO blockieren, was den Abbau von angesammeltem Histamin erschwert. Dazu gehören Kaffee, Tee, Schokolade, Eis mit Kaffee- oder Schokoladengeschmack, heiße Schokolade, Limonaden und koffeinfreier Kaffee (der immer noch eine kleine Menge Koffein enthält).

LEBENSMITTEL MIT HOHEM HISTAMINGEHALT, HISTAMINFREISETZER UND DAO-BLOCKIERENDE LEBENSMITTEL

Zusätzlich zu den Nahrungsmitteln mit hohem Histamingehalt sollten auch die histaminfreisetzenden und DAO-blockierenden Lebensmittel gemieden werden. Einige befinden sich in der Nein-Liste und andere in der Vielleicht-Liste (Seite 53).

Nahrungsmitteln mit hohem Histamingehalt

Gereifter Käse: einschließlich Ziegenkäse

Zitrusfrüchte (Ausnahmen siehe Vielleicht-Liste auf Seite 53)

Fleischkonserven und Pökelfleisch: Speck, Salami, Frühstücksfleisch, Fleischkonserven, Hot Dogs

Trockenfrüchte: Aprikosen, Datteln, Feigen, Pflaumen, Rosinen

Fermentierte Lebensmittel: Kefir, Kombucha, Sauerkraut, Sojasoße, Essig (weitere Hinweise auf Seite 53 und 166)

Hülsenfrüchte: Bohnen, Linsen, Erdnüsse, Sojabohnen

Nüsse: Cashew, Walnüsse

Industriell verarbeitete Lebensmittel: alle Arten, Konservierungsstoffe haben einen hohen Histamingehalt

Sauermilchprodukte: Buttermilch, Sauerrahm, Sauermilch, etc.

Räucherfisch und andere konservierte Fische: Sardellen, Makrele, Mahi-Mahi, Sardinen, Thunfisch, Fischsoße

Gemüse: Avocado, Aubergine, Spinat, Tomaten

Essighaltige Nahrungsmittel: Oliven, eingelegtes Gemüse (weitere Hinweise zur Verwendung von Essig auf Seite 53 und 166)

Histaminfreisetzende Lebensmittel

Diese Lebensmittel können von sich aus histaminarm sein oder dazu beitragen, dass Histamin im Körper freigesetzt wird:

- Alkohol
- Bananen
- Schokolade
- Kuhmilch
- Nüsse
- Papaya
- Ananas
- Krustentiere
- Erdbeeren
- Tomaten
- Weizenkeime
- Zahlreiche künstliche Konservierungsstoffe und Färbemittel

DAO-blockierende Lebensmittel

Diese Lebensmittel können das DAO-Enzym blockieren, das für den Abbau von Histamin im Körper verantwortlich ist:

- Alkohol
- Schwarztee
- Energy Drinks
- Grüntee
- Mate Tee

ERSETZEN SIE TOXISCHE HAUSHALTS- UND KÖRPERPFLEGEPRODUKTE

Obwohl wir bereits darüber gesprochen haben, bestimmte Giftstoffe aus dem Haus zu entfernen, einschließlich Lebensmittel und bestimmte Medikamente, gibt es einige andere Giftstoffe, die wir thematisieren müssen. Diese Giftstoffe befinden sich in Ihrem Haushalt, und Sie sind sich vielleicht nicht einmal bewusst, dass sie ein Gesundheitsrisiko darstellen. Ich spreche von Reinigungssprays, Seifen und Waschmitteln.

Alle diese Produkte können aus einer Reihe von Gründen Probleme bereiten. Zum einen enthalten sie oft Duftstoffe, die in der Lage sind, im Körper Störungen des Hormonsystems zu verursachen. Zum anderen setzen einige Produkte auch flüchtige organische Verbindungen (VOCs) frei. VOCs finden sich häufig in Aerosolsprays, Lufterfrischern, Waschmitteln, Ofen- und Teppichreinigern. Sie führen nachweislich zu Atemproblemen, Kopfschmerzen und allergischen Reaktionen, was wir auf keinen Fall wollen, wenn wir versuchen, Histamin unter Kontrolle zu bekommen.

Um giftige Produkte in Ihrem Haus zu vermeiden, rate ich Ihnen, so oft wie möglich Ihre eigenen Reinigungsprodukte herzustellen. Für einen Allzweckreiniger benötigen Sie zum Beispiel nur Olivenölseife und ein paar Tropfen eines ätherischen Öls.

Was Geschirrspülmittel und Waschmittel betrifft, empfehle ich, natürliche Alternativen zu wählen, die frei von Duftstoffen und giftigen Chemikalien sind. Sie können saubere und giftfreie Produkte auf der Website der Environmental Working Group (www.ewg.org) finden [Anm. d. Red.: Beispielsweise auf utopia.de oder mit der App CodeCheck findet man in Deutschland erhältliche giftfreie Produkte]. Je mehr Sie Ihre Toxinbelastung reduzieren, desto besser werden Sie sich fühlen. Denken Sie daran: Eine Histaminintoleranz in den Griff zu bekommen bedeutet, den gesamten Körper zu unterstützen.

PHASE 2

UNTERSTÜTZEN SIE IHRE LEBER

DIE BEDEUTUNG DER LEBER

Die Unterstützung der Leber ist von entscheidender Bedeutung, wenn Sie es mit Histaminintoleranz zu tun haben, und das Verhältnis kann sich auf unterschiedliche Weise auswirken. Zum Beispiel führt zu viel Histamin möglicherweise zu Veränderungen der Leberenzyme und schädigt das Organ. Eine Leberfunktionsstörung wiederum hat unter Umständen eine Histaminintoleranz zur Folge.

Die Leber spielt auch eine entscheidende Rolle beim Abbau von Giftstoffen im Körper, sodass eine gute Lebergesundheit förderlich für die Allgemeingesundheit ist. Aus diesem Grund ist es äußerst wichtig, Ihre Leber zu unterstützen. Hier sind einige Möglichkeiten, wie Sie das tun können.

BITTERSALZ-BÄDER

Ich empfehle gerne Bittersalz-Bäder. Sie sind ein natürlicher Weg, um die Leber durch Entgiftung zu unterstützen. Außerdem können die Bäder sehr entspannend sein (denken Sie daran, dass der Abbau von Stress ein wichtiger Aspekt beim Umgang mit Histaminintoleranz ist). Das Magnesiumsulfat im Bittersalz hilft, angesammelte Giftstoffe aus dem Körper auszuleiten. Sie können ein paar Tropfen reines ätherisches Lavendelöl in Ihr Bad geben, um es noch entspannender zu machen.

RIZINUSÖL-PACKUNGEN

Rizinusöl wird seit Langem verwendet, um den Körper zu entgiften, jedoch kann das Trinken des Öls zu einigen gefährlichen Nebenwirkungen führen. Aus diesem Grund empfehle ich Rizinusöl-Packungen, die Sie auf Ihre Leber legen können, um die Leberfunktion zu unterstützen. Es gibt bei verschiedenen Anbietern Starter-Kits die alles enthalten, was Sie brauchen.

INFRAROTSAUNEN

Infrarotsaunen sind eine fabelhafte Anwendung für jeden, der Symptome einer Histaminintoleranz hat. Sie können bei Bewältigung von Stress helfen und wirken entgiftend, genau wie moderate sportliche Betätigung. Der Grund dafür ist, dass das Schwitzen uns darin unterstützt, gespeicherte Giftstoffe freizusetzen. Die Haut ist ein wichtiges Ausscheidungsorgan, und Infrarotsaunen sind besonders förderlich bei der Freisetzung von giftigen Verunreinigungen wie Quecksilber und Blei. Durch die mehrere Zentimeter tief wirkende Erwärmung des Gewebes werden die natürlichen Stoffwechselprozesse gefördert, die Durchblutung verbessert und das Gewebe mit Sauerstoff versorgt. Infrarotsaunen verbessern auch die Herzfunktion, steigern das Wohlbefinden und reduzieren Depressionen und Gefühle von Ärger. Ich empfehle den Besuch einer Infrarotsauna zwei- bis dreimal pro Woche.

NAHRUNGSERGÄNZUNGSMITTEL

Zu den Nahrungsergänzungsmitteln, die unterstützend auf die Leber wirken, gehören Mariendistel, N-Acetyl-L-Cystein (NAC) und andere, die in meiner Ergänzungsliste Optimal Reset Liver Love auf Seite 173 aufgeführt sind.

PHASE 3

GEHEN SIE WEITER IN DIE TIEFE

DEN DARM HEILEN

Als Ärztin für funktionelle Medizin, die mit Patienten mit Histaminintoleranz und Schilddrüsenerkrankungen arbeitet, weiß ich, wie wichtig die Heilung des Darms ist. In der Tat kann dies der wichtigste Schritt sein, den Sie unternehmen, da ein Ungleichgewicht im Darm zu einem Ungleichgewicht an anderer Stelle führen kann. Dies ist sogar noch wichtiger für diejenigen, deren Immunsystem in irgendeiner Weise gestört ist, da sich etwa 70 Prozent des Immunsystems im Darm befinden.

Ein Ungleichgewicht im Darm wird mit Autoimmunerkrankungen, Angstzuständen, Depressionen, Hautproblemen und hormonellen Störungen in Verbindung gebracht. Es kann auch zu Erkrankungen wie SIBO und Candida führen, die die Ursache für Histaminintoleranz sind. Wie wir bereits besprochen haben, können bestimmte Bakterien im Darm Histamin produzieren, was zu einer Anhäufung von Histamin im Körper führt und gleichzeitig die DAO-Funktion beeinträchtigt, das Enzym, das zum Abbau von Histamin benötigt wird.

Es gibt unzählige Gründe, warum wir die Darmgesundheit fördern müssen, und viele dieser Gründe wirken sich direkt auf die Histaminintoleranz aus. Werfen wir einen Blick auf einige der Möglichkeiten, wie Sie den Darm unterstützen können.

TESTEN SIE AUF DARMINFEKTIONEN

Das Testen auf Darminfektionen ist relativ einfach. Arbeiten Sie mit einem Arzt für funktionelle Medizin zusammen,

LEBER-FUNKTIONEN

Hilft bei der Umwandlung von T4 (inaktive Form des Schilddrüsenhormons) in T3 (aktive, brauchbare Form des Schilddrüsenhormons) zur Nutzbarmachung im Körper.

Spaltet Nährstoffe aus der Nahrung auf, um Energie im Körper zu produzieren.

Entfernt Bakterien aus dem Blut, um Ihrem Körper bei der Bekämpfung von Infektionen zu helfen.

Entfernt Giftstoffe aus dem Körper.

Speichert Mineralien, Vitamine und Zucker, die der Körper nutzen kann.

Hilft, den Hormonspiegel auszugleichen.

Bildet Cholesterin für die Hormonproduktion und Gewebeheilung.

um spezifische Tests und einen spezifischen Behandlungsplan für Ihre Situation zu erhalten. Die benötigten Tests für die Analyse der zugrunde liegenden Ursachen, eine detaillierte Anleitung zur Interpretation der Tests sowie ein spezifischer Behandlungsplan, der auf Ihren Testergebnissen basiert, finden Sie auch in meinem Histaminintoleranz-Online-Programm auf meiner Website DrBeckyCampbell.com.

TESTEN SIE AUF NÄHRSTOFFMANGEL

Wie bereits erwähnt, kann ein Nährstoffmangel eine Prädisposition für eine Histaminintoleranz bilden, weshalb es wichtig ist, sich testen zu lassen. Wenn sich ein Mangel eines bestimmten Nährstoffes herausstellt, versuchen Sie, hochwertige Nahrungsquellen für diesen Nährstoff zu finden.

ACHTEN SIE AUF IHRE TOXISCHE BELASTUNG

Giftstoffe sind überall zu finden, aber es gibt viele, die wir vermeiden können. Dinge wie NSAIDs, Alkohol und Koffein können den Darm sehr belasten. Chronischer Stress und zu viel Sport stellen möglicherweise ebenfalls ein Problem dar. Wo können Sie Giftstoffe in Ihrem Leben reduzieren, um Ihre Darmgesundheit zu unterstützen?

UNTERSTÜTZEN SIE DIE HPA-ACHSE

Da Stress ein großer Histamin-Trigger ist, ist die Unterstützung der Nebennieren essentiell, um die Symptome der Histaminintoleranz zu bekämpfen und die Entzündung zu senken. Die Nebennieren sind für die Produktion wichtiger Hormone verantwortlich, die dem Körper helfen, den Blutzucker und Blutdruck sowie die Elektrolytwerte und Sexualhormone zu steuern. Sie sind auch hilfreich bei der Bewältigung von körperlichem und emotionalem Stress. Jedes Ungleichgewicht kann zu Nebennierenermüdung und Burn-out führen. Adaptogene Kräuter wie Ashwagandha können förderlich sein, da sie die Gesundheit der Nebennieren unterstützen, den Hormonspiegel ausgleichen und Ihnen helfen, sich ruhiger und zentrierter zu fühlen.

Um die Nebennieren zu unterstützen, empfehle ich dringend Meditation und Visualisierung. Meditation senkt die Aktivität der Gene, die für Entzündungen verantwortlich sind, während die Visualisierungstechnik schnell Ihre Geisteshaltung ändern kann, den Stress senkt, wenn Sie histaminbedingte Symptome erleben, und den Heilungsprozess unterstützt (obwohl Sie im Notfall und bei Bedarf immer die entsprechende medizinische Versorgung aufsuchen sollten).

Ich rate meinen Patienten außerdem zum Trockenurintest für umfassende Hormone, damit wir ihre Stresshormone und den Sexualhormonspiegel messen können. Der Test ist einer der vielen hilfreichen Werkzeuge, die wir in meinem Online-Kurs über Histaminintoleranz verwenden (siehe meine Website).

VERBESSERN SIE IHRE SCHLAFGEWOHNHEITEN

Ich empfehle Ihnen, Ihre Schlafgewohnheiten so weit wie möglich zu verbessern. Natürlich verstehe ich, dass dies eine Herausforderung sein kann, jedoch ist Schlaf wichtig für die Stressbewältigung und die Unterstützung der Nebennieren. Versuchen Sie also, mindestens acht Stunden pro Nacht ohne Unterbrechung zu schlafen, und ruhen Sie sich aus, wenn Sie das Gefühl haben, dass Ihr Körper danach verlangt.

Wenn Sie bereits an einer Nebennierenfunktionsstörung leiden, benötigen Sie möglicherweise noch mehr Schlaf pro Nacht, also berücksichtigen Sie dies bei der Entscheidung, wann Ihre gesündeste Schlafenszeit sein könnte. Hier sind einige einfache Methoden, um Ihren Schlafzyklus zu optimieren:

- Entfernen Sie alle Bildschirme aus dem Schlafzimmer
- Stellen Sie sicher, dass Ihr Schlafzimmer so dunkel, kühl und ruhig wie möglich ist
- Versuchen Sie, sich am Abend, zwei Stunden vor der eigentlichen Schlafenszeit, zu entspannen, indem Sie einige leichte Hausarbeiten erledigen
- Lesen Sie vor dem Einschlafen ein Gedicht, einen Roman oder andere nicht anregende Literatur und meiden Sie in dieser Zeit Nachrichten, Lernen und berufsbezogenes Lesematerial

NAHRUNGSERGÄNZUNGSMITTEL BEI HISTAMININTOLERANZ

Während einige Nahrungsergänzungsmittel Mangelzustände bekämpfen, können andere speziell bei Histaminintoleranz helfen. Eine Liste der von mir empfohlenen Nahrungsergänzungsmittel finden Sie im Nahrungsergänzungsmittel-Leitfaden (Seite 172), wo einige meiner bevorzugten Optionen und Links zu den jeweiligen Produkten aufgeführt sind.

PHASE 4

WIEDERAUFNAHME IN DIE ERNÄHRUNG

In Phase 4 meines Ernährungs-Plans können Sie bestimmte histaminreiche Lebensmittel wieder aufnehmen. Probieren Sie jedes Lebensmittel, das Sie wieder einführen, drei Tage lang aus und dokumentieren Sie alle festgestellten Symptome in einem Symptom Tracker.

DOWNLOAD SYMPTOM TRACKER

http://bit.ly/HITtracker

Listen Sie so viele Details wie möglich auf und verwenden Sie ein Bewertungssystem (1 bis 10), um die Schwere der Symptome zu erfassen.

Sobald Sie irgendwelche Symptome verspüren, lassen Sie das Lebensmittel sofort weg. Wenn Sie Phase 3 durchlaufen haben, beginnen Sie damit, Lebensmittel aus Phase 3 nach und nach wieder in Ihre Ernährung aufzunehmen. Gehen Sie dann zu den Lebensmitteln aus Phase 1 über. Wir werden diese Lebensmittel im nächsten Kapitel behandeln.

Es ist wichtig zu wissen, dass Sie bestimmte histaminreiche Lebensmittel möglicherweise niemals essen können, auch wenn Ihr Körper Histamin besser verträgt. Ich kann mittlerweile viele dieser histaminreichen Lebensmittel zu mir nehmen, aber nicht alle, und das stelle ich auch bei meinen Patienten fest. Aber jeder Mensch ist anders, also testen Sie jedes der Lebensmittel einzeln und führen Sie ein sehr detailliertes Ernährungstagebuch, um herauszufinden, was für Ihren Körper verträglich ist und was nicht.

Vier

DR. BECKYS **4-PHASEN HISTAMINARME DIÄT**

Da Sie nun bereit sind, eine histaminarme Diät zu beginnen, möchte ich Ihnen erklären, wie sie funktioniert.

Die Diät konzentriert sich darauf, die Lebensmittel wegzulassen, auf die Menschen am häufigsten besonders negativ reagieren, anstatt grundsätzlich alle histaminreichen Lebensmittel auf einmal zu eliminieren. Das nimmt ein wenig den Druck und erleichtert den Einstieg.

Sie finden eine Liste von Lebensmitteln, die Sie bedenkenlos essen können (die Ja-Liste), Lebensmittel, die Sie ausprobieren sollten (die Vielleicht-Liste), und Lebensmittel, die Sie meiden sollten (die Nein-Liste). Beobachten Sie, wie es Ihnen geht, während Sie die Phasen durchlaufen. Sie können diese Lebensmittel jederzeit weglassen, wenn Sie eine schlechte Reaktion bemerken. Wie ich bereits erwähnt habe, sollten Sie ein Nahrungsmitteltagebuch führen, damit Sie in der Lage sind, all die Nahrungsmittel zu identifizieren, auf die Sie möglicherweise reagieren.

DIE JA-/NEIN-/ VIELLEICHT-LISTE

Die Liste ist wie folgt aufgeteilt.

DIE JA-LISTE: IHRE BESTEN FREUNDE

Wie der Name schon sagt, werden die Lebensmittel auf der Ja-Liste in dieser Phase Ihre „besten Freunde" sein, da sie normalerweise für jeden mit Histamintoleranz unbedenklich sind... Wenn Sie also auf diese Lebensmittel reagieren, liegt das höchstwahrscheinlich an einem Problem, das nichts mit Histaminintoleranz zu tun hat.

DIE NEIN-LISTE: DIE ÜBLICHEN VERDÄCHTIGEN

Die Lebensmittel auf der Verbotsliste sind Lebensmittel, auf die die meisten Menschen mit Histaminintoleranz reagieren. Das sind Lebensmittel, die Sie vielleicht nie essen können, ohne sich danach unwohl zu fühlen, oder Sie können sie nach der Heilung Ihres Darms wieder in Ihren Speiseplan aufnehmen. Am Anfang ist es jedoch am besten, diese Lebensmittel komplett wegzulassen.

DIE VIELLEICHT-LISTE: HEIMTÜCKISCHE KUMPANEN

Die Vielleicht-Liste enthält Lebensmittel, die für Menschen mit Histaminintoleranz ein unmittelbares Problem darstellen können oder auch nicht. Möglicherweise tangieren diese Lebensmittel Sie überhaupt nicht, stören aber andere, indem sie subtilere Symptome hervorrufen.

DR. BECKYS HISTAMINARMER ERNÄHRUNGSPLAN

PHASE 1

DIE JA-/NEIN-/VIELLEICHT-LISTE

JA-LEBENSMITTEL
(OHNE EINSCHRÄNKUNGEN)

PROTEIN
(frisch oder gefroren)

Bison
Eier aus Freilandhaltung (Eiweiß muss gestockt sein)
Ente
Elch
Fasan
Huhn
Kaninchen
Lamm
Meerestiere (nur sehr frisch)
Rind
Schwein
Truthahn/Pute
Wildbret
Wildschwein

FRÜCHTE
(frisch oder gefroren)

Äpfel
Aprikosen
Birnen
Blaubeeren
Exotische Früchte (Sternenfrucht)
Kirschen
Melone
Schwarze Johannisbeeren
Trauben
Quitte

FETTE

Bio-Butter
Ghee
Kalt gepresstes Olivenöl
Kokosöl

SÜSSUNGSMITTEL

Ahornsirup/Ahornzucker
Honig (am besten aus der Region)
Kokosblütenzucker
Melasse

MEHLSORTEN

Kokosnuss
Maniok
Pfeilwurzel
Tapioka

GEMÜSE

Artischocke
Brokkoli
Fenchel
Rucola
Spargel
Rote Bete
Paprikaschoten
Pak Choi
Rosenkohl
Kraut
Karotten
Blumenkohl
Staudensellerie
Blattkohl
Salatgurke
Knoblauch
grüne Bohnen
Blattgemüse (Rote Bete-Blätter, Brauner Senf, Stielmus)
Jicama/Yambohne
Grünkohl
Lauch
Salat (Kopf-, Rotblättriger)
Zwiebeln/Schalotten
Pastinake
Steckrübe
Süßkartoffel/Kam
Mangold
Speiserübe
Brunnenkresse
Zucchini

ANDERE

Blattkräuter
Meersalz oder Himalaya-Salz
Pfeffer
Weißer oder Kräutertee

NEIN-LEBENSMITTEL
(WEGLASSEN)

PROTEIN

Alle Protein-Lebensmittel aus der Ja-Liste, die nicht frisch oder Reste sind

FRÜCHTE

Avocado
Zitrusfrüchte
Trockenfrüchte (Aprikosen, Pflaumen, Datteln, Feigen, Rosinen)
Erdbeeren
Tomaten
Bananen

GEMÜSE

Auberginen
Spinat

NÜSSE
(mit dem höchsten Histamingehalt)

Cashew
Walnüsse

WEITERE LEBENSMITTEL
(sind nicht alle histaminreich, können aber Entzündungen auslösen)

Alkohol (besonders Rotwein)
Bohnen
Schokolade
Milchprodukte
Fermentierte Lebensmittel
Gluten
Getreide
Erdnüsse
Soja

ESSIG

Alle Essigsorten (außer glutenfreier Branntweinessig und Apfelessig, die den geringsten Histamingehalt haben)
Essighaltige Lebensmittel (z. B. Oliven, Senf, Ketchup, Mayonnaise)

GEWÜRZE

Anis/Fenchel
Zimt
Nelken
Curry
Paprika/Cayennepfeffer
Muskat
Würzmischungen (mit nicht erlaubten Zutaten)
Gewürzte Lebensmittel

VIELLEICHT-LEBENSMITTEL
(IN MAßEN)

FRÜCHTE

Himbeeren
Kiwi
Zitrone
Limone
Mango
Nektarine
Papaya
Pfirsich
Pflaume

GEMÜSE

Pilze
Erbsen
Kürbisgewächse

NÜSSE

Eingeweichte Mandeln, Pekannüsse, Pistazien
Eingeweichte Paranüsse und Pinienkerne

WEITERE LEBENSMITTEL

Apfelessig
Kokosnuss-Produkte (Kokosmilch, -butter, -raspeln)
Getrocknete Kräuter/Gewürze
Gelatine/Collagen
Glutenfreier Branntweinessig
Hefe

SAATEN UND DARAUS HERGESTELLTE BUTTER

Leinsamen, Sesamkörner, Sonnenblumenkerne
Kürbiskerne

MEHL
(von den meisten verträglich, bitte individuell prüfen)

Mandelmehl

Es ist Ihnen überlassen, ob Sie diese Lebensmittel meiden oder sie nach und nach ausprobieren möchten und ein detailliertes Ernährungstagebuch führen, um die Auswirkungen zu protokollieren. Denken Sie daran, dass Sie, wenn Sie auf ein Lebensmittel reagieren, noch bis zu einige Tage danach Symptome verspüren können. Ein Ernährungstagebuch ist also unerlässlich, wenn Sie herausfinden wollen, welche Lebensmittel Sie vertragen und welche nicht.

ANDERE ZU VERMEIDENDE LEBENSMITTEL

Obwohl nicht alle diese Lebensmittel einen hohen Histamingehalt haben, sind sie entzündungsfördernd und sollten für eine optimale Gesundheit vermieden werden. Dazu gehören Gluten, Getreide, Milchprodukte, raffinierter Zucker und Soja.

Ich ernähre mich größtenteils nach der Paleo-Methode und empfehle dies auch meinen Patienten, da diese Diät diese entzündungsfördernden Lebensmittel weglässt und sich darauf konzentriert, sie durch entzündungsarme Alternativen zu ersetzen.

HISTAMIN REGULIERENDE LEBENSMITTEL

Viele Lebensmittel eignen sich hervorragend, um die Histaminintoleranz zu unterstützen und Entzündungen zu reduzieren, was ein wichtiger Bestandteil ist, um diese Erkrankung in den Griff zu bekommen. Andere Lebensmittel helfen speziell dabei, die Histaminmenge im Körper zu steuern. Werfen wir einen Blick auf einige der besten Lebensmittel bei Histaminintoleranz.

INGWER

Ingwer hilft, Entzündungen im Körper zu reduzieren, und sorgt bestens für eine gesunde Verdauung. Er wirkt als ganz natürliches Antihistaminikum und schmeckt köstlich in Pfannengerichten und Smoothies.

PFEFFERMINZE

Pfefferminze enthält Flavonoide, die in der Lage sein können, Histamin aus Mastzellen zu hemmen. Manche Menschen verwenden sogar Pfefferminze während der Allergiesaison, um ihre Symptome besser zu kontrollieren. Sie können sich selbst Tee aus frischer Minze zubereiten oder diese zu Rezepten wie Taboulé hinzufügen.

THYMIAN

Thymian ist ein weiteres Kraut, das für Menschen mit Histaminintoleranz nützlich ist. Er ist reich an Vitamin C und wirkt sogar antimikrobiell, was ihn sehr förderlich für die Gesundheit des Immunsystems macht.

GRANATAPFEL

Granatapfel eignet sich hervorragend zur Bekämpfung von Entzündungen und ist reich an Antioxidantien. Granatapfelsaft ist ausgesprochen lecker. Die Frucht kann auch zu Smoothies hinzugefügt werden, um Entzündungen zu bekämpfen.

RUCOLA

Rucola ist ein beeindruckendes entzündungshemmendes Lebensmittel, das sogar einige krebshemmende Eigenschaften haben soll. Die Pflanze ist eine großartige Ergänzung für jeden Salat. In Kombination mit anderem dunklen Blattgemüse sorgt Rucola für eine extra Portion Geschmack und nützt zugleich der Gesundheit.

ARTISCHOCKE

Artischocken sind reich an Luteolin, einem Flavonoid, das zur Stabilisierung der Mastzellen beiträgt. Dies ist wichtig, damit sie nicht übermäßig viel Histamin freisetzen und eine Histaminanhäufung im Körper verursachen.

BRUNNENKRESSE

Brunnenkresse ist ein weiteres entzündungshemmendes Gemüse, das wirksam die Freisetzung von zu viel Histamin im Körper verhindert, wenn wir Allergenen ausgesetzt sind. Wenn Sie im Salat eine würzigere Note mögen, ist Brunnenkresse eine leckere Ergänzung.

ZWIEBEL

Zwiebeln sind wegen ihres einzigartigen Geschmacks ein fester Bestandteil in vielen Rezepten. Sie peppen so gut wie jedes herzhafte Gericht auf und haben zudem einige beeindruckende gesundheitliche Vorteile. Zwiebeln können die Histaminausschüttung hemmen und helfen, den Histaminspiegel zu senken. Klein geschnittene Zwiebeln schmecken zu Fleischgerichten und Eierspeisen wie Rührei oder Omelett. Auch Salate bekommen durch Zwiebeln einen zusätzlichen Geschmacks-Kick.

KNOBLAUCH

Knoblauch, eine weitere beliebte Zutat zu herzhaften Gerichten und ein antioxidatives Kraftpaket, kann die Freisetzung von Histamin aus Mastzellen verhindern. Knoblauch schmeckt hervorragend in Fleischgerichten sowie Gemüsezubereitungen, seien sie gedünstet, gebraten oder aus dem Ofen.

DAO-ENZYM-STÄRKENDE LEBENSMITTEL, PALEO-ERNÄHRUNG

Da eine der wichtigsten Aufgaben des DAO-Enzyms darin besteht, Histamin abzubauen, ist es wichtig, Lebensmittel zu essen, die dieses Enzym nachweislich unterstützen. Einige dieser Lebensmittel stehen auf der „Vielleicht-Liste", also achten Sie darauf, welche Wirkung sie auf Sie haben.

Protein:

- Bio-Leber (wenn Sie sie vertragen)
- Bio-Geflügel
- Eier aus Freilandhaltung
- Lachs (nur aus Wildfang, frisch oder gefroren)
- Sardinen (nur frisch)

Obst und Gemüse:

- Rote Bete
- Brokkoli
- Mangold
- Kohlgemüse

Nüsse und Saaten:

- Mandeln
- Pistazien
- Kürbiskerne

QUERCETIN-REICHE LEBENSMITTEL:

Zwiebeln können für Menschen mit Histaminintoleranz auch deswegen förderlich sein, weil sie reich an Quercetin sind, das zur Senkung der Histaminwerte beiträgt. Quercetin ist ein Pflanzenflavanol, das allergische Reaktionen im Körper reduziert und gleichzeitig das Immunsystem unterstützt.

Eine Tabelle mit Quercetin-reichen Lebensmitteln finden Sie auf Seite 56.

NAHRUNGSMITTEL MIT HOHEM QUERCETIN- UND GERINGEM HISTAMINGEHALT

FRÜCHTE

Trauben

Äpfel

Cranberrys

Pflaumen

Blaubeeren

Aroniabeeren

Johannisbeeren

Kirschen

GEMÜSE UND KRÄUTER

Salbei

Kräuter

Olivenöl

Kreuzblütler-Gemüse

Brokkoli

Paprikaschoten

Rote Blattsalate

Römersalat

Grünkohl (roh)

Zichorien-Gemüse

Rote Zwiebeln (roh)

Zuckerschoten

Spargel (roh)

Sprossen

Kraut

TIPPS ZUR HISTAMIN-ARMEN ERNÄHRUNG

- Kochen Sie Ihre Mahlzeiten so oft wie möglich selbst.
- Essen Sie möglichst frische Lebensmittel (fangfrisch, gepflückt oder tiefgekühlt).
- Notieren Sie täglich alle Lebensmittel, die Sie zu sich nehmen, in einem detaillierten Ernährungstagebuch (Download-Link unter http://bit.ly/HITjournal).
- Notieren Sie zum Vergleich die Zeiten und Daten aller unangenehmen Symptome (Download-Link für ein Symptomtagebuch unter http://bit.ly/HITtracker).
- Vermeiden Sie Junkfood und alle industriell verarbeiteten Lebensmittel (vor allem Konserven).
- Frieren Sie Reste möglichst sofort ein, anstatt sie im Kühlschrank aufzubewahren.
- Verwenden Sie möglichst frische Kräuter anstelle von getrockneten.

Benutzen Sie vorzugsweise Ihrem Schnellkochtopf, um längere Kochzeiten zu vermeiden. Denn je länger Lebensmittel zum Garen brauchen, desto mehr Histamin wird freigesetzt.

WAS SIE IN JEDER PHASE ESSEN SOLLTEN

Hier erfahren Sie, wie Sie sich während der 4-Phasen histaminarmen Diät ernähren.

WAS SIE IN PHASE 1 ESSEN SOLLTEN

In Phase 1 können Sie alle Lebensmittel von der Ja-Liste und in Maßen die Lebensmittel von der Vielleicht-Liste essen. Die Lebensmittel auf der Nein-Liste sollten komplett vermieden werden. Sie werden außerdem feststellen, dass weitere Lebensmittel wegzulassen sind, die zwar nicht histaminreich, aber entzündungsfördernd sind. Siehe Seite 43 für weitere Informationen.

WAS SIE IN PHASE 2 ESSEN SOLLTEN

Während Sie sich in Phase 2 befinden, behalten Sie den in Phase 1 entwickelten Ernährungsplan bei, ergänzt durch Maßnahmen, die Ihre Leber reinigen und unterstützen. Dazu gehören, wie Sie sich erinnern werden, die folgenden:

- Einnahme des Nahrungsergänzungsmittels Optimal Reset Liver Love
- Bittersalz-Bäder
- Rizinusöl-Packungen
- Infrarot-Sauna

Weitere Informationen finden Sie auf Seite 47.

WAS SIE IN PHASE 3 ESSEN SOLLTEN

Wenn Sie nach Abschluss der Phasen 1 und 2 immer noch Symptome haben, müssen Sie weitere Lebensmittel weglassen, um herauszufinden, welche Lebensmittel Ihre Symptome auslösen. Versuchen Sie, die folgenden Lebensmittel nacheinander zu vermeiden, und führen Sie dabei ein detailliertes Tagebuch über Ihre Symptome:

- Alle Zitrusfrüchte (einschließlich Zitrone und Limette)
- Alle Nüsse und Samen (Nussmilch, Nussbutter und Nussmehle; weitere Informationen zu Mehlen finden Sie auf Seite 62)
- Alle Essigarten
- Kokosnuss-Produkte
- Kollagen
- Getrocknete Kräuter und Gewürze
- Eiweiß
- Gelatine
- Kefir
- Kiwi
- Mango
- Pilze
- Nektarinen
- Papaya
- Pfirsich
- Erbsen
- Pflaume
- Schweinefleisch
- Kürbisgewächse
- Kürbis
- Hefe

Auf Seite 48 finden Sie weitere Informationen.

WAS SIE IN PHASE 4 ESSEN SOLLTEN

In Phase 4 arbeiten Sie daran, bestimmte histaminreiche Lebensmittel wieder in Ihre Ernährung aufzunehmen. Beginnen Sie damit, drei Tage lang jeweils ein Lebensmittel aus Phase 3 hinzuzufügen. Lassen Sie es weg, wenn Sie bemerken, dass alte Symptome zurückkehren, und notieren Sie diese Symptome in Ihrem Tagebuch. Gehen Sie dann zu den Lebensmitteln über, die Sie in Phase 1 eliminiert haben, und verfahren Sie in gleicher Weise. Vergessen Sie nicht, eine Liste mit allen Lebensmitteln zu erstellen, auf die Sie reagieren und auf die Sie nicht reagieren, um später nachschlagen zu können. Für weitere Informationen siehe Seite 51.

ABWECHSLUNGSREICH KOMBINIERT

SOWOHL ZUM MITTAG- ALS AUCH ZUM ABENDESSEN GEHÖREN 85 BIS 110 G FLEISCH UND ZWEI GEMÜSESORTEN ALS BEILAGE.

Fünf
DR. BECKYS HISTAMINARME REZEPTE

KOCHEN MIT EINEM MULTIKOCHER

Ich liebe es, mit meinem Multikocher wie Instant Pot zu kochen. Er verkürzt nicht nur die Koch- und Reinigungszeit, sondern ist auch ideal für Menschen mit Histaminintoleranz. Durch die in der Regel verkürzte Kochzeit verringert sich das Risiko von Histaminablagerungen, insbesondere beim Zubereiten von Fleisch. Der Instant Pot eignet sich auch hervorragend für die Herstellung von histaminarmer Knochenbrühe. Anstatt dafür 24 Stunden zu brauchen, können Sie sie in 2 Stunden zubereiten und nach dem Abkühlen sofort einfrieren, wodurch die Histaminmenge in der Brühe erheblich reduziert wird.

Auch wenn in diesem Abschnitt nicht bei jedem Rezept ein Instant Pot zum Einsatz kommt, sind Sie mit diesem Gerät in der Lage, so ziemlich alles zu kochen, von Schmorgerichten über Brühen, Suppen, Eintöpfen, Gemüse und sogar hart gekochte Eier. Es gibt verschiedene Einstellungen, die Sie nutzen können, damit Ihr Gericht sowohl besonders lecker als auch histaminarm ist.

TIPPS ZUR NAHRUNGSZUBEREITUNG

Viele Menschen mit Histaminintoleranz vertragen nicht den Verzehr von Essensresten. Sie müssen sich also darauf einstellen, überzählige Speisen nach der Zubereitung sofort einzufrieren, um eine Ansammlung von Histamin zu vermeiden. Es gibt jedoch viele Lebensmittel, die sich im Voraus zubereiten lassen und für einige Tage im Kühlschrank aufbewahrt werden können. Außerdem reagiert nicht jeder negativ auf Essensreste. Sie müssen es also selbst ausprobieren, um herauszufinden, wie Ihre Reaktion ist. Denn eine der größten Herausforderungen der Ernährung bei Histaminintoleranz ist es, alles frisch zuzubereiten; es lohnt sich also zu experimentieren.

In diesem Abschnitt erkläre ich, welche Lebensmittel sich am besten im Voraus zubereiten und einfrieren lassen und welche Speisen Sie nach der Zubereitung sicher im Kühlschrank aufbewahren können.

Close
Instant Pot
www.InstantPot.com
Soup
Meat
/Stew
Bean
/Chili
Poultry
Rice
Multigrain
Porridge
Steam
Low Pressure
High Pressure
Less
Normal
More
Slow
Cook
Pressure
Adjust
Yogurt
Sauté
Manual
Timer
Keep Warm
/Cancel

GEFRORENE PATTYS

Als mir bewusst wurde, dass ich aus Hühner-, Puten-, Lamm-, Bison- und Rindfleischhack Pattys zum Einfrieren herstellen kann, wurde die Umsetzung meiner histaminarmen Diät sehr viel einfacher. Rezepte für gefrorene Pattys finden Sie weiter hinten im Buch. Ich empfehle, wöchentliche Rationen zuzubereiten und einzufrieren, sodass Sie sie täglich entnehmen und weiterverwenden können.

HÄHNCHENFILET

Ich kaufe gerne eine Packung Hähnchenfilet und teile sie in zwei oder drei Filetstücke pro Gefrierbeutel auf. Die Filets lassen sich morgens leicht auftauen und zum Mittagessen zubereiten. Sie können sie zu Salaten oder Wraps hinzufügen.

BLATTKOHL-WRAPS

Wraps aus Blattkohl können im Voraus zubereitet und im Kühlschrank aufbewahrt werden, um sie unter der Woche zu verwenden.

HISTAMINARME MAYONNAISE

Diese Mayonnaise kann im Voraus zubereitet und etwa drei Tage lang im Kühlschrank aufbewahrt werden (siehe Rezept auf Seite 64). Auch hier müssen Sie ausprobieren, wie Sie darauf reagieren. Dies ist ein weiterer Grund, warum es so wichtig ist, ein Ernährungstagebuch zu führen.

PORTIONIERUNG VON GEMÜSE

Dies ist eine tolle zeitsparende Methode. Portionieren Sie einfach Ihr vorgekochtes Gemüse in Beuteln und frieren Sie es zur späteren Verwendung ein.

ÜBRIG GEBLIEBENES GEMÜSE

Wenn Sie nicht empfindlich auf Essensreste reagieren, können Sie übrig gebliebenes Gemüse vom Vorabend aufwärmen und servieren. Dies ist nicht für jeden eine Option, aber es lohnt sich zu experimentieren, um herauszufinden, ob Sie am Vortag zubereitetes Gemüse vertragen.

BEZUGSQUELLEN FÜR HISTAMINARME MEHLE UND EIGENE HERSTELLUNG

In den Rezepten führe ich eine Reihe verschiedener Mehlsorten auf, darunter diese:

- Maniok- oder Tapiokamehl
- Mandelmehl
- Andere Nussmehlsorten
- Tigernussmehl
- Kokosmehl

Einige dieser Mehlsorten können zu Hause in der Küche hergestellt werden, während andere leicht online oder in einem Bioladen erhältlich sind.

Maniok- und Tapiokamehl

Maniokmehl ist gluten-, getreide- und nussfrei und entspricht der Ernährung nach Paleo. Es ist sehr mild und geschmacksneutral, weich und pulvrig. Wenn es um glutenfreie Mehlalternativen geht, ist es dem Weizenmehl am ähnlichsten, was beim Backen von großem Vorteil ist. Zudem ist es eine gute Vitamin C-Quelle. Sie können Maniokmehl sowohl online als auch in Geschäften finden, und da es immer beliebter wird, ist es auch immer einfacher erhältlich. Sie haben außerdem die Möglichkeit, es selbst herzustellen, aber dazu müssen Sie es reiben, im Backofen oder in einem Dehydrator trocknen und dann mit einem Mörser mahlen, was ein wenig zeitaufwendig sein kann.

Tapiokamehl ist reine Stärke, die aus der Maniokwurzel gewonnen wird und sowohl als Verdickungsmittel als auch als Weizenmehl-Ersatz verwendet werden kann. Die Eigenschaften unterscheiden sich etwas von reinem Maniokmehl.

Mandelmehl

Mandelmehl ist für Menschen mit Histaminintoleranz das sicherste unter den Nussmehlen, aber Sie sollten prüfen, ob Sie es vertragen, bevor Sie es mehr als nur gelegentlich verwenden. Frisches Mandelmehl lässt sich mit einer Kaffeemühle oder einem Hochgeschwindigkeitsmixer herstellen; alternativ können Sie es entweder online oder im gut sortierten Geschäft kaufen. Frisch zubereitet ist es am besten.

Andere Nussmehlsorten

Ich empfehle, keine andere Nussmehlsorten zu verwenden, die Sie im Handel erwerben können, da sie in der Regel schlecht verträglich sind und möglicherweise lange gelagert wurden, bevor sie in Ihre Küche gelangen, was die Probleme noch verschärfen könnte.

Tigernussmehl

Die Tigernuss (auch Erdmandel genannt) ist eigentlich keine Nuss, wie der Name vielleicht vermuten lässt; sie ist ein Knollengemüse, deren erbsengroßen Verdickungen zu einem wunderbaren Mehl für histaminfreie Koch- und Backrezepte zermahlen werden können. Sie ist reich an Ballaststoffen, Eisen, Kalium, Eiweiß, Magnesium, Zink sowie den Vitaminen E und C und wird in Afrika schon seit Jahrtausenden verwendet. Der feine Geschmack der Tigernuss eignet sich natürlich gut für Süßspeisen, passt aber auch zum Geschmacksausgleich in Salaten und anderen herzhaften Gerichten. Tigernussmehl kann sowohl online als auch offline bezogen werden.

Kokosmehl

Kokosmehl ist ein weiches Mehl, das aus getrocknetem Kokosnussfleisch hergestellt wird. Es ist reich an Proteinen, Ballaststoffen und Fett, wodurch es sättigend wirkt. Dank seiner hohen Nährstoffdichte und dem Gehalt an hitzestabilen mittelkettigen Fettsäuren kann es beim Abnehmen und zur Unterstützung einer gesunden Verdauung förderlich sein. Es ist sehr saugfähig, dicht und trocken. Daher ist es am besten, sich bei der Verwendung an das Weniger-ist-mehr-Konzept zu halten. Kokosmehl ist preiswerter als Mandelmehl, kohlenhydratarm und verleiht Süßspeisen einen sehr feinen Geschmack. Das Mehl ist mittlerweile sowohl online als auch in Geschäften erhältlich und gut haltbar.

GRUNDVORRÄTE

Diese Rezepte ersparen Ihnen die tägliche Frage: Was gibt es heute zu essen? Die Speisen können mit anderen Rezepten kombiniert oder allein genossen werden, und sie helfen Ihnen, Fertigprodukte zu vermeiden, die Sie während des 4-Phasen Histamin Reset Plans nicht konsumieren möchten. Diese Rezepte sind so konzipiert, dass sie für die Phase 1 geeignet sind. Wenn Sie in Phase 3 weitere Lebensmittel weglassen müssen, finden Sie alternative Hinweise am Ende des Rezepts, wo es heißt „Phase 3".

HISTAMINARME MAYONNAISE

Auf Mayonnaise kann ich auf keinen Fall verzichten. Es gibt ein paar Variationen dieses Rezepts, sodass die meisten Menschen sie problemlos vertragen werden.

ERGIBT 220 G

- 1 großes Ei aus Freilandhaltung
- 1½ EL Senf, mit Branntweinessig hergestellt
- 240 ml sehr mildes Olivenöl
- ½ TL Meersalz

Ei, Senf, Öl und Salz in ein Schraubglas geben. Die Zutaten mit dem Stabmixer zunächst nur am Boden verrühren. Sobald der untere Teil emulgiert ist, den Mixer langsam nach oben ziehen und nach und nach weitere Schichten vermengen. Dabei nach Bedarf den Stabmixer hoch und runter bewegen, um eine homogene Mischung zu erhalten. Wiederholen Sie diesen Vorgang 1 bis 2 Minuten lang, bis alles schön cremig ist.

PHASE 3: Wenn Eiweiß für Sie ein Problem darstellt, versuchen Sie es mit 2 großen Eigelben aus Freilandhaltung anstelle eines ganzen Eis. Wenn Sie auch das nicht vertragen, verzichten Sie ganz auf dieses Rezept.

WARRANTED

HISTAMINARME HÜHNERBRÜHE

Es lohnt sich wirklich, Brühen zuzubereiten, wenn Sie damit beginnen, Ihre Ernährung ein wenig einzuschränken, denn sie verleihen anderen Gerichten Geschmack sowie Nährstoffe und Antioxidantien, die bei Darmentzündungen Linderung verschaffen. Dank der Kräuter und Gewürze sorgen sie auch für einen Schuss Antihistamin-Power. Diese Hühnerbrühe enthält eine Menge antihistaminischer Verbündeter. Thymian, Zwiebel, Kurkuma, Knoblauch, Grünkohl, Petersilie und Rosmarin – all diese Zutaten haben eine positive Wirkung. Wenn Sie es vegetarisch lieben, lassen Sie das Huhn einfach weg. Für mehr Variationen können Sie ansonsten auch jedes andere Fleisch verwenden. Ihre Gerichte werden vor Geschmack nur so sprühen.

ERGIBT CA. 3 LITER

1 EL Olivenöl

1 große Zwiebel, klein geschnitten

4 Knoblauchzehen, klein gehackt

4 mittelgroße Karotten, in kleine Würfel geschnitten

4 große Stangen Staudensellerie, in kleine Würfel geschnitten

1 TL Meersalz, aufgeteilt

2,2–2,4 l gefiltertes Wasser

65 g Grünkohl, Mangold oder anderes Kohlgemüse, grob gehackt

30 g frische Petersilie, grob gehackt

3 oder 4 Zweige frischer Thymian

2 Zweige frischer Rosmarin

2 getrocknete Lorbeerblätter

1 TL Kurkuma

1 Karkasse von einem Bio-Hähnchen

Den Schnellkochtopf auf die „Sauté"-Funktion einstellen. Sobald das Gerät heiß ist, Öl, Zwiebel, Knoblauch, Karotten, Sellerie und ½ Teelöffel Salz hinzufügen. Das Gemüse etwa 5 Minuten anbraten beziehungsweise bis es weich und leicht gebräunt ist, dabei häufig umrühren.

Wasser, Grünkohl, Petersilie, Thymian, Rosmarin, Lorbeerblätter, Kurkuma und den restlichen ½ Teelöffel Salz hinzufügen. Das vorbereitete Huhn dazugeben.

Den Deckel des Schnellkochtopfs schließen und alles 120 Minuten lang bei hohem Druck kochen, anschließend 15 Minuten abwarten, dann den Entlüftungsknopf auf die Entlüftungsposition stellen, um den restlichen Druck abzulassen. Den Deckel vorsichtig öffnen und das Gemüse abseihen.

Die Brühe in Silikonformen oder gefriertaugliche Schraubgläser füllen und diese nach dem Abkühlen für die spätere Verwendung im Gefrierschrank aufbewahren.

GRÜNKOHL-PESTO

Pesto ist unglaublich vielseitig zu verwenden und bei meiner Familie sehr beliebt. Ich finde es ausgesprochen praktisch, etwas zur Hand zu haben, wenn es um die schnelle Zubereitung von Speisen geht. Außerdem verleiht das Pesto jedem Gericht, das etwas Pepp benötigt, einen wunderbaren Geschmackskick. Wenn Sie Probleme mit einer Nussunverträglichkeit haben, lassen Sie die Mandeln weg – Sie werden den Geschmack des Pestos trotzdem lieben!

ERGIBT CA. 250 G

270 g Grünkohl, Stiele entfernt, Blätter klein gezupft

25 g frisches Basilikum

½ TL Meersalz

180 ml kalt gepresstes Olivenöl

45 g geröstete Mandeln

1 Knoblauchzehe, grob zerkleinert

Grünkohl, Basilikum, Salz, Öl, Mandeln und Knoblauch in eine Küchenmaschine geben und auf höchster Stufe pürieren, bis die gewünschte Konsistenz erreicht ist. Fügen Sie mehr Öl hinzu, wenn Sie ein dünneres Pesto bevorzugen. Restliches Pesto in Silikon-Eiswürfelbehältern einfrieren und anschließend in Gefrierbeutel umfüllen; hält sich bis zu 6 Monate im Gefrierschrank.

PHASE 3: Um dieses Rezept Phase-3-konform zu machen, lassen Sie die Mandeln weg.

WRAPS AUS BLANCHIERTEN BLATTKOHL-BLÄTTERN

Blattkohl ist reich an Mineralien und wirkt entzündungshemmend. Darüber hinaus eignet er sich aber auch für Sandwich-ähnliche Gerichte ganz ohne Gluten. Verwenden Sie diese Blätter für Wraps mit Grünkohl-Hähnchen-Patty (Seite 103), Salat-Wraps mit süß-pikant gewürztem Hähnchen (Seite 104) und Blattkohl-Wraps mit Hähnchen und Pesto (Seite 107).

MENGE NACH BEDARF

Blattkohl-Blätter, in benötigter Menge

Die vorbereiteten Blattkohl-Blätter 2½ Minuten in kochendes Wasser geben. Herausnehmen und sofort in eine Schüssel mit Eiswasser legen. Im Kühlschrank halten sich die Blätter in einem Gefrierbeutel oder einem verschlossenen Behälter bis zu 3 Tage.

TIGERNUSS-BUTTER

Die Tigernuss, auch Erdmandel oder Chufa-Nuss genannt, ist ein kichererbsengroßes Superfood, das seit Jahrhunderten in Afrika verwendet und auch außerhalb immer beliebter wird. Tigernüsse zeichnen sich durch einen hohen Stärkegehalt aus, der mit Widerstandskraft assoziiert wird, bei der Gewichtsabnahme verdauungsfördernd wirkt und entzündlichen Darmerkrankungen vorbeugen kann. Zudem sind sie reich an Eisen, Zink, Kupfer, Magnesium und Eiweiß. Trotz ihres Namens ist sie keine Nuss, weswegen sie sich ohne Probleme für diese Diät verwenden lässt. Durch ihren süßen, nussigen Geschmack kann die Tigernuss jedoch das Verlangen nach Nüssen stillen. Diese Nussbutter kann zu einer antihistaminischen und kohlenhydratarmen Butter variiert werden, indem man einfach den Ahornsirup durch Stevia austauscht.

ERGIBT 180 G

150 g Tigernüsse oder 125 g Tigernussmehl (Seite 63)

60–120 ml kalt gepresstes Olivenöl

1 TL Vanilleextrakt, ohne Konservierungsstoffe

1 EL Ahornsirup oder heimischer Honig (optional) oder 5 Tropfen Stevia (für Low-Carb; optional)

1 Prise Meersalz

Tigernüsse, Öl, Vanille, Ahornsirup (falls verwendet) und Salz in einen Mixer geben und pürieren, bis eine glatte, homogene Masse entsteht.

HINWEIS: Die Verwendung von Tigernussmehl ist die einfachste Art, dieses Rezept herzustellen.

CHIA-PUDDING

Chiasamen bieten eine enorme Vielfalt an Eigenschaften, von denen Sie profitieren können. Diese nährstoff- und ballaststoffreichen Samen bilden im Darm eine gelatineartige Substanz, die als Präbiotikum wirken kann und das Wachstum von probiotischen Bakterien unterstützt. Sie helfen auch, Entzündungen zu reduzieren, und wirken ausgleichend auf den Energiehaushalt des Körpers. Der Pudding ist in wenigen Minuten zubereitet.

ERGIBT 1 PORTION

- 60 ml Kokosmilch (aus der Dose)
- 180 ml Mandel- oder Kokosmilch aus Tetrapack
- 40 g Chiasamen
- 1 EL Ahornsirup
- 1 TL Vanilleextrakt, ohne Konservierungsstoffe

Kokosmilch, Mandelmilch, Chiasamen, Ahornsirup und Vanille in ein Schraubglas füllen, dieses verschließen und kräftig schütteln. Das Glas für mindestens 4 Stunden oder über Nacht in den Kühlschrank stellen.

PHASE 3: Wenn Sie keine Mandeln vertragen, verwenden Sie anstelle der Mandelmilch 240 ml Kokosmilch.

BLAUBEERGELEE

Dieses Gelee lässt sich gut in Silikonschalen einfrieren und nach Bedarf verwenden. Ein gefrorener Würfel oder 2 Esslöffel (40 g) frisches Gelee ist alles, was Sie für eine Portion Chia-Pudding à la „Peanut Butter and Jelly Sandwich" (Seite 83) benötigen.

ERGIBT ETWA 240 G

220 g frische oder aufgetaute TK-Blaubeeren

1 EL Ahornsirup oder heimischer Honig

2 TL Chiasamen

Blaubeeren und Ahornsirup in einem kleinen Topf bei mittlerer Hitze verrühren. Unter häufigem Rühren etwa 5 bis 10 Minuten köcheln lassen, bis die Blaubeeren eingedickt sind. Den Topf vom Herd nehmen und die Chiasamen einrühren. Sobald das Gelee abgekühlt ist, ist es servierfertig.

FRÜHSTÜCK

Ein gesundes, histaminarmes Frühstück ist wichtig für einen symptomfreien Tag und hilft Ihnen, den ganzen Tag über Nahrungsmitteln, die nicht zu Ihrem Ernährungsplan passen, zu widerstehen. Ich liebe es, wenn ich morgens aufwache und ein vorgefertigtes Frühstück, wie zum Beispiel einen Chia-Pudding, im Kühlschrank habe – vor allem unter der Woche, wenn ich nur wenig Zeit fürs Frühstückmachen habe und nur minimalen Aufwand betreiben kann, bevor ich aus dem Haus gehe. Dieser Abschnitt enthält gekochte Frühstücksspeisen und einfache, schnelle Alternativen sowie meine persönlichen Favoriten für gesunde, histaminarme Morgenmahlzeiten.

APFEL-KAROTTEN-MUFFINS

Ich habe immer das Gefühl, mich selbst zu verwöhnen, wenn ich diese Muffins backe. Dank der gesunden Öle und zusätzlichen Ballaststoffe durch Apfel und Karotte ist es eines der gesündesten Muffinrezepte, das ich je kreiert habe.

ERGIBT 12 MUFFINS

3 große Eier aus Freilandhaltung

70 g Ahorn- oder Kokosblütenzucker

120 ml Kokos- oder Mandelmilch

60 g Kokosöl, geschmolzen, oder 60 ml mildes Olivenöl

2 TL Vanilleextrakt, ohne Konservierungsstoffe

125 g Tigernussmehl (Seite 63)

65 g Tapiokamehl (Seite 62)

1 TL Backpulver

1 Prise Meersalz

120 g Apfel, geschält und geraspelt

25 g Karotte, geraspelt

Den Backofen auf 180 °C vorheizen und die Mulden eines 12er-Muffinblechs mit Muffinförmchen auslegen.

Die Eier in einer großen Schüssel aufschlagen und Zucker, Kokosmilch, Öl und Vanille hinzufügen. Die Mischung mit einem Handmixer glatt rühren.

Tigernussmehl, Tapiokamehl, Backpulver und Salz in einer kleinen Schüssel vermengen.

Die Mehlmischung zur Eimischung geben und alles miteinander verrühren, dabei nicht zu viel mischen, nur so, dass alles gerade vermengt ist. Apfel- und Karottenraspel unterheben.

Den Teig in die Muffinförmchen füllen und 20 bis 22 Minuten backen. Die Muffins sind fertig, wenn ein in die Mitte eines Muffins gesteckter Zahnstocher beim Herausziehen sauber herauskommt. Die Muffins vor dem Servieren abkühlen lassen.

APFELBROT

Dass Sie teigige Texturen und im Grunde alles, was Gluten enthält, vermissen, wenn Sie dieses in Ihrer Ernährung weglassen, ist absolut normal. Es gibt jedoch viele alternative Möglichkeiten, die meiner Meinung nach sogar normales Brot übertreffen. Die Hauptzutat dieses Brotes – die Äpfel – enthält Quercetin, das Histamin in Schach hält.

ERGIBT 12 PORTIONEN

APFELMISCHUNG

15 g Kokosöl

1 großer Gala- oder Fuji-Apfel, geschält und in dünne Scheiben geschnitten

2 EL Ahornsirup

10 g Ahornzucker

TEIGMISCHUNG

3 große Eier aus Freilandhaltung

125 g Apfelmus

120 ml Ahornsirup

120 ml Kokos- oder Mandelmilch

2 EL Kokosöl, geschmolzen

2 TL Vanilleextrakt, ohne Konservierungsstoffe

100 g Mandelmehl (Seite 63)

65 g Tapiokamehl (Seite 62)

1 TL Backpulver

1 Prise Meersalz

Den Backofen auf 180 °C vorheizen und eine große Brotform (23 x 13 cm) mit Backpapier auslegen.

Für die Apfelmischung das Kokosöl in einer mittelgroßen Pfanne bei mittlerer Temperatur schmelzen und den Apfel dazugeben. Ahornsirup und Ahornzucker hinzufügen. Unter häufigem Rühren etwa 7 Minuten köcheln, bis die Apfelschnitten anfangen, weich zu werden.

Währenddessen die Teigmischung zubereiten. In einer großen Schüssel Eier, Apfelmus, Ahornsirup, Kokosmilch, Öl und Vanille vermengen. In einer anderen mittelgroßen Schüssel Mandelmehl, Tapiokamehl, Backpulver und Salz mischen. Die Mehlmischung zur Eimischung geben und mit einem Handrührgerät so lange verrühren, bis die Zutaten vollständig miteinander vermischt sind.

Die Hälfte der Teigmischung in die vorbereitete Brotform füllen. Darauf die Hälfte der Apfelmischung schichten. Die restliche Teigmischung über die Äpfel geben und als oberste Schicht die restliche Apfelmischung verteilen.

Das Apfelbrot etwa 40 Minuten lang backen beziehungsweise bis ein in die Mitte gesteckter Zahnstocher sauber herauskommt. Das Brot vor dem Servieren abkühlen lassen.

PHASE 3: Lassen Sie das Mandelmehl weg und verwenden Sie 120 g Maniokmehl und 65 g Tapiokamehl.

CHIA-PUDDING À LA „PEANUT BUTTER AND JELLY SANDWICH“

Ich hoffe, dass spätestens dieses Rezept Sie davon überzeugt, dass eine eingeschränkte Diät keineswegs langweilig oder fade sein muss. Chiasamen passen hervorragend zu Beeren und sind zusammen kombiniert überraschend leicht; die zusätzliche Schicht Tigernuss-Butter schafft eine perfekte Balance. Dieses Frühstück ist toll für Kinder, aber vergessen Sie nicht, sich selbst etwas davon zu gönnen, bevor alles verputzt ist.

ERGIBT 1 PORTION

45 g Tigernuss-Butter (Seite 72)

225 g Chia-Pudding (Seite 75)

40 g Blaubeergelee (Seite 76)

Die Tigernuss-Butter auf dem Boden eines Dessertglases verteilen, darüber den Chia-Pudding schichten und mit dem Heidelbeergelee abschließen.

EIER MIT PFIFF AUF GRÜNEM BLATTGEMÜSE

Die meisten Menschen verwenden kaum Gemüse in ihren Frühstücksrezepten, aber der Verzehr von ein oder zwei Portionen Grünzeug in der ersten Mahlzeit des Tages kann förderlich für die Gesundheit und Leistungsfähigkeit des Gehirns sein und außerdem für mehr Abwechslung auf dem Frühstückstisch sorgen. Kreuzkümmelsamen sind antihistaminisch, antioxidativ und schützen die Schleimhaut des Verdauungssystems, was dieses Frühstück sowohl wohltuend als auch schmackhaft macht.

ERGIBT 1 PORTION

30 ml Olivenöl oder 2 EL Bio-Butter, verteilt

3 Mangoldblätter, grob gehackt

2 große Eier aus Freilandhaltung

1 MSP gemahlener Kreuzkümmel

1 MSP Knoblauchpulver

1 MSP Zwiebelpulver

Meersalz, nach Geschmack

In einer mittelgroßen Pfanne 1 Esslöffel des Olivenöls bei mittlerer bis hoher Temperatur erhitzen. Den Mangold dazugeben und etwa 10 Minuten braten, bis er zusammengefallen ist, anschließend an den Rand der Bratpfanne schieben.

Den restlichen 1 Esslöffel Olivenöl in der Pfanne erhitzen und die Eier darin aufschlagen. Die Eier auf jeder Seite bis zur gewünschten Konsistenz braten.

Kreuzkümmel, Knoblauchpulver, Zwiebelpulver und Salz über die Eier streuen und auf dem Mangold anrichten.

GRÜNKOHL-SÜẞKARTOFFEL-MUFFINS

Wenn Sie sonntags Zeit haben, einen ganzen Schwung dieser Muffins zuzubereiten, können Sie sie einfrieren und haben so die ganze Woche über etwas zum Frühstück. Die kleine Form dieser herzhaften Muffins ist ideal, um die Küchlein mit zur Arbeit oder zur Schule zu nehmen. Außerdem helfen sie Ihnen, ungesunde Alternativen zu meiden, die Sie dazu verleiten könnten, von Ihrem Antihistamin-Programm abzuweichen. Grünkohl, Süßkartoffel, Schalotten und Knoblauch entfalten beim Frühstück bereits ihre positive Wirkung, während Sie in den Morgen starten.

ERGIBT 12 MUFFINS

2 EL Olivenöl

½ große Süßkartoffel, geschält und gewürfelt

270 g Grünkohl, grob gehackt

1 TL Meersalz, plus mehr zum Abschmecken

3 Schalotten oder ½ große Gemüse-Zwiebel, klein geschnitten

10 große Eier aus Freilandhaltung

1 TL Knoblauchpulver

1 TL Zwiebelpulver

Den Backofen auf 180 °C vorheizen. Ein 12er-Muffinblech mit Papierförmchen auslegen.

Das Olivenöl in einer mittelgroßen Pfanne bei mittlerer bis hoher Temperatur erhitzen. Süßkartoffel, Grünkohl und Salz nach Geschmack hinzufügen und 5 Minuten braten. Die Schalotten dazugeben und alles weitere 5 Minuten braten. Die Mischung in eine große Glas- oder Edelstahlschüssel umfüllen.

Eier, 1 Teelöffel Salz, Knoblauchpulver und Zwiebelpulver zur Süßkartoffelmischung geben und alles gründlich miteinander vermischen. Die Masse gleichmäßig auf die Muffinförmchen verteilen. Die Muffins 20 bis 25 Minuten backen oder bis eine in die Mitte eines Muffins gesteckte Gabel sauber herauskommt.

Einige der Muffins nach Belieben für den späteren Verzehr einfrieren.

SPARGEL-KARTOFFEL-FRITTATA

Spargel ist reich an Nährstoffen und hilft, den Blutzuckerwert konstant zu halten. In der Kombination mit Basilikum und Zwiebel, die beide dazu beitragen, die Symptome einer Histaminintoleranz im Alltag zu verhindern, haben Sie das perfekte Frühstück für die ganze Familie.

ERGIBT 6 BIS 8 PORTIONEN

2 EL kalt gepresstes Olivenöl

½ große Gemüse-Zwiebel, fein gewürfelt

8 bis 10 Stangen Spargel, in 15 mm-Stücke geschnitten

1 rote Kartoffel, geschält, geraspelt und überschüssige Feuchtigkeit ausgedrückt

¾ TL Meersalz, verteilt

8 große Eier aus Freilandhaltung, verquirlt

10 g Basilikum, grob gehackt

2 EL Schnittlauch, grob gehackt

Den Backofen auf 200° C vorheizen.

In einer mittelgroßen ofenfesten Pfanne bei mittlerer bis hoher Temperatur Öl, Zwiebel und Spargel vermengen und 5 Minuten braten. Kartoffelraspel und die Hälfte des Salzes hinzufügen und alles 5 Minuten weiterbraten.

Eier, Basilikum, Schnittlauch und das restliche Salz in eine mittelgroße Schüssel geben und gründlich vermischen. Die Eimischung in die Pfanne gießen und den Herd ausschalten. Die Pfanne auf der heißen Herdplatte stehen lassen, bis die Masse gestockt ist.

Die Pfanne in den Ofen schieben und die Frittata etwa 15 Minuten backen, bis sie aufgegangen und durchgebacken ist. Die Frittata aus dem Ofen nehmen und vor dem Servieren 5 Minuten abkühlen lassen.

MITTAGESSEN

Das Mittagessen ist eine wichtige Mahlzeit, um die Energie am späteren Nachmittag konstant zu halten und der Versuchung vorzubeugen, nachmittags etwas zu naschen, das nicht Teil Ihrer Eliminationsdiät ist. Ganz gleich, ob Sie ein leichtes Mittagessen oder etwas Aufwendigeres zubereiten möchten, in diesem Abschnitt finden Sie viele Anregungen. Ich habe möglichst viele Rezepte aufgenommen, die im Voraus zubereitet und eingefroren werden können, damit Sie jeden Tag schnell etwas zur Hand haben.

SALAT MIT ÄPFELN, NÜSSEN, RUCOLA UND HÄHNCHEN

Dieser schöne und reichhaltige Salat ist voller antioxidativer Pekannüsse, die gleichzeitig auch Entzündungen reduzieren und über 19 Vitamine und Mineralien enthalten. Äpfel und Rucola helfen, die Histaminwerte im Körper zu senken.

ERGIBT 1 PORTION

80 g Rucola

1 kleiner Apfel (Sorte nach Belieben), geschält, entkernt und gewürfelt

1 bis 2 dünne Scheiben rote Zwiebel

30 g rohe Pekannüsse, grob zerkleinert

85 g Hähnchenbrustfilets, gekocht und eingefroren (Seite 62) oder frische Hähnchenbrust, gekocht

Salatdressing nach Wahl (Seite 166–167)

Rucola, Apfel, Zwiebel, Pekannüsse und in mundgerechte Stücke zerteilte Hähnchenbrust in eine mittelgroße Schüssel geben. Vor dem Servieren die Zutaten mit dem Dressing vermengen.

PHASE 3: Die Pekannüsse weglassen, wenn Sie diese nicht vertragen.

SÜẞKARTOFFELSUPPE MIT GEFLÜGELWURST UND PALMKOHL

Diese Suppe ist perfekt für die kälteren Monate. Sie kombiniert den milden, vollen Geschmack der italienischen Wurst mit antihistaminischen und quercetinreichen Inhaltsstoffen zur Beruhigung des Körpers. Die meisten Menschen vertragen Geflügelwurst gut, da es sich nicht um eine getrocknete Wurst mit einem höheren Histamingehalt handelt. Wenn Sie feststellen, dass Ihnen diese Wurst nicht guttut, können Sie sie durch Geflügelhack ersetzen.

ERGIBT 6–8 PORTIONEN

2 EL kalt gepresstes Olivenöl

450 g milde italienische Bio-Geflügelwurst, nitratfrei oder Bio-Geflügelhackfleisch, zu kleinen Bällchen geformt

1 mittelgroße Gemüse-Zwiebel, grob gehackt

2 Knoblauchzehen, gehackt

1 große Süßkartoffel, geschält und gewürfelt

2 große Karotten, in 5-mm-dicke Scheiben geschnitten

180 g Weißkraut, grob gehackt

1 mittelgroßer Bund Palmkohl, Stiele entfernt, grob zerteilt

1½ TL italienische Gewürze

1,4 l histaminarme Hühnerbrühe (Seite 67)

Meersalz und Pfeffer, zum Abschmecken

Das Öl in einem großen Suppentopf bei mittlerer Hitze erhitzen. Die Wurst- beziehungsweise Hackbällchen und Zwiebel etwa 10 Minuten darin braten, bis die Bällchen durchgebraten sind.

Knoblauch, Süßkartoffel, Karotten, Kraut, Palmkohl und italienische Gewürze hinzufügen und 3 bis 5 Minuten kochen.

Brühe dazugießen und alles zum Kochen bringen. 15 bis 20 Minuten köcheln lassen beziehungsweise bis die Süßkartoffel weich ist.

Mit Salz und Pfeffer nach Geschmack würzen. (Bei Verwendung von Geflügelwurst würze ich nicht nach, beim Hühnerhackfleisch jedoch schon.)

ARTISCHOCKENSUPPE

Flüssige Lebensmittel sind von Natur aus bekömmlich – so ist auch diese Suppe gesund und leicht verdaulich. Sie enthält Artischocken, die reich an Luteolin sind, einem Antioxidans, das die Aktivierung von Mastzellen reduziert. Artischocken sind außerdem reich an Ballaststoffen, Eiweiß und präbiotischer Energie, weshalb diese Suppe einen besonders hohen Nährstoffschub liefert.

ERGIBT 6–8 PORTIONEN

- 30 g Bio-Butter
- 2 große Lauchstangen, nur die weißen Teile, in dünne Scheiben geschnitten
- 2 mittelgroße rote Kartoffeln, geschält und grob gewürfelt
- 2 Knoblauchzehen, gehackt
- 1 Packung (335 g) TK-Artischockenherzen, aufgetaut
- 1 l histaminarme Hühner- oder Gemüsebrühe (Seite 67)
- 1 TL Meersalz
- 180 ml Kokosnusscreme, aus der Dose
- Schnittlauch, grob gehackt, zum Garnieren

Den Schnellkochtopf auf die „Sauté"-Funktion einstellen. Butter im Topf schmelzen lassen, dann Lauch und Kartoffeln hinzufügen. Umrühren und 5 Minuten kochen lassen, in der letzten Minute den Knoblauch hinzufügen.

Artischocken, Brühe und Salz hinzufügen und das Gerät ausschalten. Den Deckel auf den Instant Pot setzen und verriegeln; die Einstellung „Soup" wählen. Stellen Sie den Druck auf hoch und verwenden Sie die vom Instant Pot voreingestellte Kochzeit.

Sobald der Timer abgelaufen ist, den Topf schnell abdampfen wählen. Den Deckel abnehmen und die Kokosnusscreme einrühren, dann die Mischung abkühlen lassen.

Die abgekühlte Mischung in einen Standmixer füllen und pürieren (oder direkt im Topf mithilfe eines Stabmixers).

Die Suppe bei Bedarf zurück in den Instant Pot geben, um sie erneut zu erhitzen. Sie können die Suppe auch in gefriertaugliche Schraubgläser füllen (oben 2,5 cm Platz lassen) und für ein Mittagessen während der Woche einfrieren. Vor dem Servieren mit Schnittlauch bestreuen.

Diese Suppe kann auch auf dem Herd in einem großen Suppentopf zubereitet werden; dazu die Kochzeit auf 20 Minuten erhöhen.

LAMM-BURGER MIT ROSMARIN UND KNOBLAUCH

Dies ist ein Lieblingsrezept meiner Familie. Wie Sie wissen, wirkt Knoblauch sowohl antihistaminisch als auch entzündungshemmend. Rosmarin, der die Verdauung anregt und das Gehirn schützt, passt auch sehr gut zu Lammfleisch.

ERGIBT 4 PORTIONEN

- 450 g Bio-Lammhack
- 2 EL frischer Rosmarin, grob gehackt
- 2 bis 3 Knoblauchzehen, gehackt
- 8 Blätter Kopf- oder Eisbergsalat

Lammhack, Rosmarin und Knoblauch in einer mittelgroßen Schüssel gründlich vermischen. Die Hackmischung zu 4 Pattys formen und in Einzelportionen entweder einfrieren oder in einer mittelgroßen Pfanne bei mittlerer Hitze 3 bis 5 Minuten pro Seite braten. Die fertigen, frisch gebratenen Pattys jeweils in 2 Salatblätter als „Brötchen" einwickeln.

HÄHNCHEN-MANGO-SALAT

Mango ist eine weitere Histamin-bekämpfende Frucht, die erstaunlich gut mit Hähnchen harmoniert. Zusammen mit der Frische der Gurken wird daraus eine sehr schöne, leichte Mahlzeit, die perfekt in den Sommer passt.

ERGIBT 1 PORTION

85 g TK-Bio-Hähnchenfilet (Seite 62), aufgetaut, oder frische Hähnchenbrust

Meersalz

40 g Rucola

85 g frische Mango, gewürfelt

30 g geröstete Kürbiskerne

½ mittelgroße Salatgurke, grob gewürfelt

Ingwer-Dressing (Seite 167), nach Geschmack

Das Hähnchenfilet mit Salz würzen. Anschließend in einer mittelgroßen Pfanne bei mittlerer bis hoher Hitze 3 bis 5 Minuten auf jeder Seite braten, bis es vollständig durchgegart ist.

Rucola, Mango, Kürbiskerne und Gurke in einer mittelgroßen Schüssel mischen. Das Hähnchenfilet auf dem Salat anrichten und das Dressing darüber träufeln.

HÜHNER-„NUDEL“-SUPPE MIT SALBEI

Wer hat gesagt, dass Nudelsuppe nicht glutenfrei sein kann? Der Spaghettikürbis ist ein weiteres antihistaminisches Lebensmittel und verleiht dieser herzhaften Suppe eine authentisch wirkende Textur.

ERGIBT 6–8 PORTIONEN

1 großer Spaghettikürbis, längs halbiert

1,5 l Wasser, aufgeteilt

40 g Butter oder 3 EL kalt gepresstes Olivenöl

150 g Zwiebel, grob geschnitten

25 g Pfeilwurzelmehl

130 g Karotten, grob gehackt

100 g Staudensellerie, grob geschnitten

1 l histaminarme Hühnerbrühe (Seite 67), aufgeteilt

2 EL frischer Salbei, grob gehackt

2 EL frische Petersilie, grob gehackt

675 g Bio-Hühnerbrust, entbeint und ohne Haut, in Würfel geschnitten

Meersalz, nach Bedarf

Den Kürbis auf den Dampfgarer-Untersetzer in den Schnellkochtopf legen und 500 ml Wasser dazugeben. Den Instant Pot verriegeln; über die Funktion „manuelle Einstellung“ den Timer auf 7 Minuten stellen und den Kürbis bei geschlossenem Ventil druckgaren.

Wenn der Timer abgelaufen ist, das Ventil für ein schnelles Abdampfen öffnen und den Instant Pot ausschalten. Den Kürbis herausnehmen und auf die Arbeitsfläche legen. Die „Nudeln“ mit einer Gabel herauskratzen. Die auf dem Boden des Garbehälters verbliebene Flüssigkeit entfernen und den Behälter wieder in den Instant Pot setzen.

Den Instant Pot auf „Sauté“ stellen und die Butter im Instant Pot schmelzen. Zwiebel hinzufügen und in ca. 5 Minuten glasig anbraten; dann das Pfeilwurzelmehl einrühren. Karotten, Sellerie und 250 ml der Brühe hinzugeben und ca. 3 Minuten kochen, bis das Gemüse weich ist. Salbei und Petersilie einrühren und ca. 1 Minute kochen, bis sie duften.

Das Hähnchen mit Salz würzen und mit den restlichen 750 ml Brühe und einem Liter Wasser in den Instant Pot geben. Das Gerät ausschalten und stattdessen die Einstellung „Soup“ wählen. Den Topf verriegeln, den Druck auf hoch und die Kochzeit auf 10 Minuten einstellen.

Wenn der Timer abgelaufen ist, den Topf schnell abdampfen lassen und den Deckel öffnen. Die Einstellung zurück auf „Sauté“ stellen und die Spaghettikürbis-„Nudeln“ hinzufügen. Umrühren und ohne Deckel etwa 5 Minuten köcheln lassen.

Dieses Rezept können Sie auch in einem großen Suppentopf zubereiten. Folgen Sie exakt den gleichen Anweisungen, aber passen Sie die Kochzeit auf 15 bis 20 Minuten an.

WRAP MIT GRÜNKOHL-GEFLÜGEL-PATTY

Diese Patty-Wraps sind wunderbar schnell und einfach zu machen und können im Voraus zubereitet und eingefroren werden, damit Sie für jede Gelegenheit etwas Leckeres zur Hand haben.

ERGIBT 4 PORTIONEN

450 g Bio-Geflügelhack

135 g Grünkohl, fein gehackt

½ mittelgroße Zwiebel, klein geschnitten

1 TL Meersalz

4 Blattkohl-Wraps (Seite 71)

Histaminarme Mayonnaise (Seite 64)

Kopfsalatblätter, nach Bedarf

Geflügelhack, Grünkohl, Zwiebel und Salz in einer großen Schüssel mischen und zu 4 Pattys formen. Diese entweder sofort einfrieren, um sie später zu verwenden, oder in einer mittelgroßen Pfanne bei mittlerer bis hoher Temperatur 3 bis 5 Minuten auf jeder Seite braten; sofort servieren.

Jedes Patty auf einem Blattkohl-Wrap mit Mayonnaise und Salat servieren.

SALAT-WRAPS MIT SÜẞ-PIKANT GEWÜRZTEM HÄHNCHEN

Diese Hähnchen-Wraps mit einer süßen Note bieten Zutaten mit hohem Quercetin- und Antihistamin-Gehalt und sind gleichzeitig sättigend genug, um Sie den ganzen Nachmittag über bei Laune zu halten.

ERGIBT 4 PORTIONEN

1 Bio-Huhn (1,4–1,8 kg)

240 ml Wasser

220 g histaminarme Mayonnaise (Seite 64)

½ kleine Zwiebel, geraspelt

25 g Karotten, gestiftelt oder geraspelt

Meersalz und Pfeffer, zum Abschmecken

4 Blattkohl-Wraps (Seite 71) oder Kokos-Wraps (siehe Seite 174)

Das Hähnchen in einem Einsatz in den Instant Pot legen und das Wasser auf den Boden des Topfes gießen. Den Topf verriegeln und das Programm „Geflügel" wählen; den Instant Pot auf maximale Temperatur einstellen. Die Garzeit manuell auf 35 Minuten stellen; das Ventil muss geschlossen sein.

Sobald das Huhn fertig gegart ist, aus dem Topf nehmen, abkühlen lassen und das Fleisch von den Knochen lösen. Das Hähnchenfleisch in einer mittelgroßen Schüssel mithilfe von zwei Gabeln oder den Händen zerkleinern.

In einer anderen mittelgroßen Schüssel Hähnchenfleisch, Mayonnaise, Zwiebel, Karotte, Salz und Pfeffer vermengen. Den Hähnchensalat in den Blattkohl-Wraps servieren.

BLATTKOHL-WRAPS MIT HÄHNCHEN UND PESTO

Ich habe festgestellt, dass die meisten meiner Gäste Pesto mögen. Dieser Wrap hat darüber hinaus eine frische, knusprige Note, die ihn perfekt für die Mittagspause oder einen geschäftigen Tag macht.

ERGIBT 1 PORTION

2–3 tiefgekühlte Bio-Hähnchenfilets, aufgetaut (Seite 62)

Kalt gepresstes Olivenöl, nach Bedarf

Meersalz, nach Bedarf

1 TL histaminarme Mayonnaise (Seite 64)

1 TL Grünkohl-Pesto (Seite 68)

1 Blattkohl-Wrap (Seite 71)

Gurkenscheiben, gestiftelte Karotten, Radieschenscheiben oder anderes Gemüse nach Wahl

Das Hähnchenfilet rundum mit Öl einpinseln und mit Salz bestreuen. In einer mittelgroßen Pfanne oder auf einer Grillpfanne bei mittlerer bis hoher Hitze 3 bis 5 Minuten braten, bis das Fleisch durch ist.

In der Zwischenzeit Mayonnaise und Pesto auf dem Wrap verteilen.

Das gegarte Hähnchenfleisch mittig auf den Wrap setzen und nach Belieben mit dem vorbereiteten Gemüse belegen. Den Blattkohl-Wrap wie einen Burrito einrollen. In der Mitte durchschneiden und servieren.

TRUTHAHN-BURGER MIT THYMIAN UND OREGANO

Truthahn erinnert mich immer an die Weihnachtszeit, aber diese Truthahn-Pattys können zu jeder Zeit des Jahres serviert werden, weil sie so einfach zuzubereiten sind: in Salatblätter wickeln, mit Mayo bestreichen und die ganze Familie damit erfreuen.

ERGIBT 4 PORTIONEN

450 g Bio-Putenhackfleisch

1 EL frischer Thymian, fein gehackt

1 EL frischer Oregano, fein gehackt

½ TL Meersalz

Salatblätter, je nach Bedarf

Histaminarme Mayonnaise (Seite 64)

Hackfleisch, Thymian, Oregano und Salz in einer mittelgroßen Schüssel vermengen und zu 4 Pattys formen. Die Pattys in einer mittelgroßen Pfanne bei mittlerer bis hoher Hitze 3 bis 5 Minuten auf jeder Seite braten beziehungsweise bis sie durchgegart sind. (Alternativ bereiten Sie nur die benötigte Menge an Pattys zu und frieren die restlichen roh ein, um sie später zu verwenden.)

Servieren Sie die Burger auf Salatblättern zusammen mit der Mayonnaise und anderen Toppings, ganz wie Sie mögen.

ABENDESSEN

Manche finden bei einer Diät die Wahl des Abendessens schwierig, weil da meist die ganze Familie mitisst. Aber das muss nicht sein, denn hier biete ich Ihnen einige herzhafte, gesunde Abendessen-Rezepte, die einfach zuzubereiten sind und nicht zeitaufwendig sein müssen, um lecker zu sein und gut anzukommen. Achten Sie darauf, dass Sie zu jedem Abendessen eine weitere Beilage (siehe Rezepte auf Seite 134–149) hinzufügen, um Gemüse und Eiweiß im richtigen Verhältnis zu halten. Der Mahlzeitenplan auf Seite 168 vermittelt dazu eine Übersicht.

SCHWEINEMEDAILLONS MIT ROSENKOHL UND KAROTTEN

Rosenkohl enthält, ähnlich wie Weißkraut, die gesunde Aminosäure L-Glutamin, die bei der Heilung des Darms helfen kann. Die sättigende Kombination von Zutaten in diesem Rezept ist perfekt für die ganze Familie, besonders während der kälteren Monate des Jahres.

ERGIBT 4 PORTIONEN

4 EL kalt gepresstes Olivenöl, aufgeteilt

1 Bio-Schweinefilet (675–900 g), in 2,5 cm dicke Medaillons geschnitten

450 g Rosenkohl, in einer Küchenmaschine gehobelt, aufgeteilt

4 bis 5 große Karotten, in 5 mm dicke Scheiben geschnitten

2 Knoblauchzehen, grob gehackt

120 ml Kokos Aminos Würzsoße

Eine große gusseiserne Pfanne bei mittlerer bis hoher Temperatur erhitzen und 2 Esslöffel (30 ml) Öl hineingeben. Sobald das Öl heiß ist, die Schweinemedaillons auf eine Seite der Pfanne und die Hälfte des Rosenkohls auf die andere Seite der Pfanne geben. Die Medaillons 3 bis 5 Minuten braten, dann wenden. Die Karotten unter den Rosenkohl mischen. Bei Bedarf nun das restliche Öl hinzufügen. 3 bis 5 Minuten weiterbraten. Wenn das Schweinefleisch weitgehend durchgegart ist, den restlichen Rosenkohl, Knoblauch und die Würzsoße dazumischen und alles zusammen etwa 1 Minute garen. Die Pfanne vom Herd nehmen und gleich servieren.

HONIG-KNOBLAUCH-HÄHNCHEN

Knoblauch hemmt nachweislich die Histaminfreisetzung aus Mastzellen. Außerdem bekämpft er Entzündungen und Krankheitserreger verschiedener Art und hat eine starke antioxidative Wirkung. In Kombination mit einer angenehmen, entzündungshemmenden Honigsoße und hochwertigem Bio-Hähnchen haben Sie eine wohlige, köstliche und gesundheitsfördernde Mahlzeit!

ERGIBT 4 PORTIONEN

SOSSE

3 EL heimischer Honig

1 TL Ahornzucker

30 ml Kokos Aminos Würzsoße

3 EL histaminarme Hühnerbrühe (Seite 67)

HÜHNERFLEISCH

4 Bio-Hähnchenschenkel, entbeint, ohne Haut

Meersalz und Pfeffer, nach Bedarf

2 EL Kokosöl, aufgeteilt

4 Knoblauchzehen, gehackt

Frische Petersilie, grob gehackt (optional)

Für die Soße Honig, Zucker, Würzsoße und Brühe in einem kleinen Topf verrühren und bei starker Hitze unter Rühren zum Kochen bringen. Den Topf vom Herd nehmen und beiseitestellen.

Die Hähnchenschenkel auf ein Papiertuch legen und die Hautseite mit Salz und Pfeffer würzen.

Den Instant Pot auf das „Sauté"-Programm einstellen und warten, bis auf der Anzeige „Hot" erscheint. Dann 1 Esslöffel des Öls und das Hähnchenfleisch mit der Hautseite nach unten in den Instant Pot legen und etwa 3 Minuten lang anbraten, dann wenden. Die andere Seite der Hähnchenschenkel ebenfalls mit Salz bestreuen und pfeffern und weitere 3 Minuten braten beziehungsweise bis sie gebräunt sind.

Das Hähnchenfleisch aus dem Instant Pot nehmen und beiseitestellen. Das restliche Öl und den Knoblauch in den Instant Pot geben und etwa 30 Sekunden braten. Das Hähnchen zurück in den Topf legen, mit der Soße bedecken und alles miteinander vermengen, damit der Knoblauch gut verteilt wird. Das Gerät mit dem Deckel verschließen und die Garzeit manuell auf 10 Minuten stellen.

Sobald der Timer abgelaufen ist, den Instant Pot zügig abdampfen lassen. Wenn sich das Sicherheitsventil gesenkt hat, können Sie den Deckel vorsichtig abnehmen. Nach Belieben Petersilie dazugeben und das Hähnchen sofort servieren.

ANTIHISTAMINISCHE HÄHNCHENPFANNE

Dieses Gericht ist eine leckere Möglichkeit, eine gute Portion Gemüse in Ihren Tag zu integrieren und von den Eigenschaften der verwendeten Kräuter und Gewürze zu profitieren. Fenchel ist reich an Quercetin, einem großartigen Histaminblocker, und sein Geschmack verleiht jedem Gericht sofort eine besondere Note. Knoblauch ist hilfreich, um schlechte Bakterien in Schach zu halten, unterstützt die Leber und enthält viele Antioxidantien. Außerdem gibt er diesem Gericht ein herrliches Aroma.

ERGIBT 6 PORTIONEN

4 EL kalt gepresstes Olivenöl, aufgeteilt

2 Bio-Hühnerbrüste, entbeint und ohne Haut, in mundgerechte Stücke geschnitten

1 mittelgroße Gemüse-Zwiebel, klein geschnitten

1 große Fenchelknolle, klein geschnitten

700 g Brokkoli-Röschen

1 mittelgroße Zucchini, längs geviertelt und in Scheiben geschnitten

6 EL Kokos Aminos Würzsoße, aufgeteilt

10 g Ingwer, klein geschnitten

3 Knoblauchzehen, gehackt

Meersalz, zum Abschmecken

2 Esslöffel (30 ml) Öl in einer mittelgroßen Pfanne bei mittlerer bis hoher Temperatur erhitzen. Das Hähnchen etwa 10 Minuten darin braten, bis es durchgegart ist. Das Hähnchen beiseitestellen.

Während das Hähnchen gart, die restlichen 2 Esslöffel Öl in einem Wok bei mittlerer bis hoher Temperatur erhitzen. Zwiebel und Fenchel dazugeben und etwa 10 Minuten braten.

Brokkoli, Zucchini und 4 Esslöffel (60 ml) Würzsoße in den Wok geben und alles weitere 5 Minuten garen. Ingwer und Knoblauch hinzufügen und 5 Minuten köcheln.

Das Hähnchenfleisch und die restlichen 2 Esslöffel Würzsoße unter das Gemüse rühren und 1 Minute lang kochen. Mit Salz abschmecken.

BRATHÄHNCHEN AUS DEM INSTANT POT MIT BLUMENKOHLPÜREE UND SOSSE

Dadurch, dass der Instant Pot die Garzeit der Gerichte reduziert, kann die Histaminbelastung gesenkt werden, und das Kochen wird zu einem herrlich einfachen Erlebnis. Ich habe hier Thymian für mehr Vitamin C und Flavonoide zur Stabilisierung der Mastzellen hinzugefügt. Die Soße gibt diesem Gericht etwas Vertrautes und macht es reichhaltiger, ohne zusätzliches Gluten.

ERGIBT 4 PORTIONEN

HÄHNCHEN

4 EL kalt gepresstes Olivenöl, aufgeteilt

3 Knoblauchzehen, gehackt

2 TL frischer Thymian, grob gehackt

1 TL Meersalz

1 Bio-Hähnchen (1,8 kg)

480 ml histaminarme Rinder- oder Hühnerbrühe (Seite 67)

SOSSE

40 g Bio-Butter

25 g Pfeilwurzelmehl

Meersalz und Pfeffer, zum Abschmecken

Blumenkohlpüree (Seite 118)

Für das Hähnchen 2 Esslöffel Öl, Knoblauch, Thymian und Salz in einer kleinen Schüssel vermengen und beiseitestellen. Am Instant Pot die „Sauté"-Taste drücken, sodass er auf der Einstellung „Normal" steht.

Die restlichen 2 Esslöffel Öl in den Topf geben und das Hähnchen mit der Brustseite nach unten 4 Minuten braten. Währenddessen die Unterseite des Hähnchens mit der Hälfte der Ölmischung bestreichen. Das Hähnchen mit einer Zange wenden und 1 Minute auf der Unterseite braten. Während die Unterseite bräunt, die Oberseite des Hähnchens mit der restlichen Ölmischung bestreichen.

Das Hähnchen mit einer Zange aus dem Topf nehmen und auf einem Teller beiseitestellen. Einen Untersetzer auf den Boden des Instant Pot stellen und die Brühe dazugeben. Das Hähnchen wieder in den Instant Pot auf den Untersetzer legen. Die „Cancel"-Taste drücken und danach die „Poultry"/"Geflügel"-Taste. Den Topf verriegeln und die Temperatur manuell auf „More" oder „höher" einstellen. Nachdem das Ventil geschlossen ist, den Timer auf 30 Minuten stellen und das Hähnchen garen. Wenn das Hähnchen weniger als 1,8 kg wiegt, braucht es nur etwa 25 Minuten.

Sobald der Timer abgelaufen ist, den Instant Pot langsam abdampfen lassen, das dauert etwa 15 Minuten. Das Hähnchen aus dem Topf nehmen und beiseitestellen. Etwa 500 ml der Kochflüssigkeit aus dem Topf schöpfen und für die Soße beiseitestellen. Die restliche Flüssigkeit für das Blumenkohlpüree aufbewahren (Seite 118).

Für die Zubereitung der Soße den Instant Pot auf die „Sauté"-Funktion stellen. Butter und Pfeilwurzelmehl in den Topf geben und 1 Minute andünsten, dabei eventuell mit dem Schneebesen umrühren, um Klumpen zu vermeiden. Die beiseitegestellte Kochflüssigkeit (500 ml) unter beständigem Rühren hinzufügen. Unter Rühren weiterkochen, bis die Soße anfängt einzudicken. Salzen und pfeffern und mit dem Hähnchen und Blumenkohlpüree (Seite 118) servieren.

BLUMENKOHLPÜREE

Haben Sie schon einmal Püree aus Butternusskürbis oder einer anderen Kürbisart gemacht? Das Rezept auf dieser Seite funktioniert ähnlich, aber es ist kohlenhydratarm und reich an Cholin, Antioxidantien und Ballaststoffen. Dazu hilft es, das Immunsystem zu stärken und die Entgiftung des Körpers zu fördern. Außerdem bildet dieses Püree eine wunderbare Basis für herzhafte und intensive Aromen.

ERGIBT 4 PORTIONEN

1 großer Bio-Blumenkohl, in Röschen zerteilt

30 g Bio-Butter

60 bis 80 ml übrig gebliebene Garflüssigkeit aus der Zubereitung des Hähnchens (Seite 116)

½ TL Meersalz

Die Blumenkohlröschen in einen großen Topf geben und mit Wasser bedecken. Das Wasser bei mittlerer bis hoher Hitze zum Kochen bringen und den Blumenkohl 15 Minuten garen. Das Wasser abgießen und den Blumenkohl etwa 10 Minuten abkühlen lassen.

Blumenkohl, Butter, die Hälfte der Brühe und Salz in eine Küchenmaschine geben und bei hoher Geschwindigkeit pürieren, bis sie glatt und cremig ist; bei Bedarf zusätzlich mehr Brühe hinzufügen, bis die gewünschte Konsistenz erreicht ist.

SESAM-INGWER-HÄHNCHEN-TACOS IN JICAMA-SCHALEN

Tacos sind sehr beliebt, aber der Verzehr der Taco-Schalen aus Mais kann sich ungünstig auswirken, da das im Mais enthaltene Protein die Darmschleimhaut stört und Probleme im Verdauungssystem verursachen kann. Auch wenn der Anbau von transgenen Nutzpflanzen in Deutschland verboten ist, sind doch viele importierte Maisprodukte genmanipuliert. Dieses Taco-Rezept ist maisfrei und enthält Histaminintoleranz-freundlichen Honig, Knoblauch, Ingwer und Kraut, sodass Sie sicher sein können, sich etwas Gutes zu tun.

ERGIBT 4 PORTIONEN

80 ml Kokos Aminos Würzsoße, aufgeteilt

2 EL heimischer Honig

2 EL Sesamöl

20 g Knoblauch, gehackt

10 g frischer Ingwer, gerieben

2 EL kalt gepresstes Olivenöl

4 Bio-Hähnchenschenkel, entbeint und ohne Haut oder 2 Bio-Hähnchenbrüste, entbeint und ohne Haut

Jicama-Taco-Schalen (Seite 121)

Weiß- oder Rotkraut, geraspelt, nach Bedarf

Würzsoße, Honig, Sesamöl, Knoblauch und Ingwer in einem kleinen Topf bei mittlerer Hitze verrühren und zum Kochen bringen. Den Herd abschalten und den Topf beiseitestellen.

Beim Instant Pot die „Sauté"-Funktion wählen und auf höchste Temperatur stellen. Sobald auf der Anzeige „Hot" erscheint, Olivenöl hinzufügen und das Hähnchen mit der Hautseite nach unten in den Topf legen. Von jeder Seite etwa 3 Minuten anbraten, dann die Abbruchtaste drücken.

Die Soße über das Hähnchen gießen und den Deckel auf den Instant Pot setzen. Mittels der Manuell-Taste das Hähnchen 10 Minuten garen.

Das Hähnchenfleisch auf die Jicama-Schalen verteilen und den geraspelten Kohl darübergeben. Nach Belieben die Schalen wie einen Taco in die Hand nehmen oder mit Messer und Gabel essen.

JICAMA TACO-SCHALEN

Jicama ist eine kalorienarme, nährstoffreiche Knolle, die für eine neue Variante von getreidefreien Taco-Schalen sorgt. Sie ist reich an Inulin, einem löslichen Ballaststoff, der als Präbiotikum fungiert, was die Gesundheit des Darms sehr unterstützt, und an Vitamin C, einem der wichtigsten Nährstoffe zur Unterstützung von Menschen mit Histaminintoleranz. Jicama enthält außerdem viel Kalium, das sehr hilfreich für das kardiovaskuläre System ist.

ERGIBT ETWA 12 SCHALEN

1 große runde Jicama, mit festem Fruchtfleisch

Die Jicama-Knolle schälen, in möglichst hauchdünne Scheiben schneiden und diese für 30 Minuten in kaltem Wasser einweichen.

Die Jicama-Scheiben aus dem Wasser nehmen und trocken tupfen. Sofort verwenden, zum Beispiel für die Sesam-Ingwer-Hähnchen-Tacos in Jicama-Schalen (Seite 119).

SCHWEINEKOTELETT MIT FENCHEL, ZWIEBEL UND BIRNE

Gebratenes Schweinefleisch wird im Mittelmeerraum oft zusammen mit Fenchel zubereitet. Hier werden die zarten, saftigen Koteletts von frischem Thymian begleitet, der zur Stabilisierung Ihrer Mastzellen beiträgt und zusätzliches Vitamin C und Antioxidantien liefert. Birnen sind eine köstliche histaminarme Frucht, die dieses Gericht sehr gut ergänzt.

ERGIBT 4 PORTIONEN

- 4 große Bio-Schweinekoteletts
- Meersalz, je nach Bedarf
- 3 EL Olivenöl oder geschmolzenes Kokosöl, aufgeteilt
- 1 große Gemüse-Zwiebel, in dicke Scheiben geschnitten
- 1 große Fenchelknolle, Strunk entfernt, in dicke Scheiben geschnitten
- 1 EL plus 1 TL frische Thymianblätter, aufgeteilt
- 1 fast reife Birne (jede Sorte), geschält und in mitteldicke Scheiben geschnitten

Den Backofen auf 205 °C vorheizen.

Die Schweinekoteletts leicht mit einem Fleischklopfer klopfen und mit Salz würzen.

2 Esslöffel Olivenöl in einer großen Pfanne bei mittlerer bis hoher Temperatur erhitzen. Zwiebel, Fenchel und ½ Teelöffel Salz in die Pfanne geben und 10 Minuten braten. 1 Esslöffel Thymian darüberstreuen und die Mischung verrühren; aus der Pfanne nehmen und auf einem großen Backblech verteilen.

Die Schweinekoteletts in der Pfanne auf jeder Seite 2 bis 3 Minuten anbraten beziehungsweise bis sie gebräunt sind. Aus der Pfanne nehmen und auf die Zwiebel-Fenchel-Mischung legen. Die Birnenspalten auf den Koteletts verteilen und den restlichen Thymian darüberstreuen.

Das Backblech in den Ofen schieben und das Gericht 20 bis 25 Minuten garen beziehungsweise bis das Schweinefleisch durchgebraten ist.

HUHN MIT GRÜNKOHL-PESTO UND MOZZARELLA

Dieses ausgewogene Gericht enthält zugleich entzündungshemmendes Grünzeug, mageres Eiweiß und eine sättigende Portion Käse. Ich habe überhaupt nicht das Gefühl, meine Ernährung einzuschränken, wenn ich dieses Gericht zusammen mit meiner Familie esse. Mozzarella ist ein histaminarmer Käse, den man sich ruhig ab und zu gönnen kann. Mozzarella aus Rohmilch ist sogar noch entzündungshemmender, also schauen Sie, ob es diese Sorte in Ihrer Gegend zu kaufen gibt.

ERGIBT 4 PORTIONEN

125 g Grünkohl-Pesto (Seite 68)

2 Bio-Hähnchenbrüste, entbeint und ohne Haut, in dicke Scheiben geschnitten

Bio-Mozzarella-Käse (optional aus Rohmilch), gerieben

Den Ofen auf 190 °C vorheizen. Den Boden einer mittelgroßen Bratpfanne (mit hitzebeständigen Griffen) mit etwas Pesto bestreichen.

Hähnchenbrüste in die Bratpfanne legen und mit dem restlichen Pesto bestreichen. Die Pfanne mit Alufolie abdecken, in den Ofen schieben und das Hähnchenfleisch 20 Minuten braten.

Das Hähnchen aus dem Ofen nehmen, den geriebenen Mozzarella-Käse darüberstreuen und die Pfanne für 5 weitere Minuten zurück in den Ofen stellen.

Die Ofentemperatur auf Grilltemperatur erhöhen und den Käse 30 bis 60 Sekunden überbacken, bis er Blasen wirft und leicht gebräunt ist.

PHASE 3: Bei Unverträglichkeit die Mandeln im Pesto sowie den Käse weglassen.

PFANNENGERICHT MIT HUHN, SÜẞKARTOFFEL, APFEL UND BROKKOLI

Dieses großartige Rezept ist schnell zubereitet und hat dank der Äpfel und Süßkartoffel einen Hauch von Süße, aber durch die Brühe auch viel Würze. Es lässt sich wunderbar unter der Woche zubereiten, wenn Ihr Zeitplan vielleicht etwas hektischer ist. Fast alle Zutaten sind antihistaminisch, einschließlich des Brokkolis mit seinem natürlichen Quercetin-Gehalt.

ERGIBT 4 PORTIONEN

2 EL kalt gepresstes Olivenöl

450 g Bio-Hähnchenbrust, entbeint und ohne Haut, in mundgerechte Würfel geschnitten

¾ TL Meersalz, aufgeteilt

1 mittelgroße Zwiebel, grob geschnitten

350 g Brokkoli-Röschen

1 mittelgroße Süßkartoffel, geschält und in mundgerechte Würfel geschnitten

1 großer oder 2 kleine Gala-Äpfel, geschält, entkernt und in mundgerechte Würfel geschnitten

1 EL frischer Thymian, grob gehackt

3 Knoblauchzehen, gehackt

180 ml histaminarme Hühnerbrühe (Seite 67), aufgeteilt

Das Öl in einer großen Pfanne bei mittlerer bis hoher Temperatur erhitzen. Das Hähnchen hineinlegen und mit ¼ Teelöffel Salz bestreuen. Etwa 10 Minuten braten, bis es leicht gebräunt und durchgebraten ist. Aus der Pfanne nehmen und beiseitestellen.

Zwiebel, Brokkoli und Süßkartoffel in die Pfanne geben und mit dem restlichen Salz bestreuen. Unter gelegentlichem Rühren etwa 10 Minuten braten, bis die Zwiebel glasig und die Süßkartoffel weich ist.

Apfel, Thymian und Knoblauch hinzufügen und 1 Minute lang mitbraten. Die Hälfte der Brühe dazugießen und alles 3 Minuten kochen beziehungsweise bis die Brühe verdampft ist. Das Huhn zurück in die Pfanne geben, die restliche Brühe hinzufügen und ca. 2 Minuten erhitzen.

KOHL-HACKFLEISCH-PFANNE

Hier ist ein weiteres schnelles Rezept, das in wenigen Minuten zubereitet ist. Der Kohl wirkt positiv auf den Darm und ist damit eine fantastische Zutat, wenn Sie unter einem undichten Darm leiden oder daran arbeiten, Ihre Darmgesundheit zu erhalten. Oregano, Zwiebel und Knoblauch sorgen für einen wohltuenden Antihistamin-Kick.

ERGIBT 4 PORTIONEN

- 450 g Hack vom Weiderind oder Bio-Putenhack
- ½ EL frischer Oregano, fein gehackt
- ¼ TL Meersalz, plus mehr nach Bedarf
- 30 g Bio-Butter
- ½ großer Kopf Weiß- oder Rotkraut, in dünne Streifen geschnitten
- 1 große Zwiebel, grob zerkleinert
- 225 g Rosenkohl, zerkleinert
- 4 Knoblauchzehen, gehackt

Das Hack mit Oregano und ¼ Teelöffel Salz in einer mittelgroßen Pfanne bei mittlerer bis hoher Hitze etwa 10 Minuten braten, bis es durchgegart ist; dann aus der Pfanne nehmen und beiseitestellen.

Die Pfanne auswischen und erneut auf mittlere bis hohe Temperatur erhitzen. Butter in der Pfanne schmelzen lassen und Kohl, Zwiebel und Rosenkohl hinzufügen; mit Salz abschmecken. Das Gemüse 5 Minuten unter häufigem Rühren braten. Knoblauch dazugeben und weitere 5 Minuten braten, bis Kohl und Rosenkohl gar sind.

Hack zurück in die Pfanne geben, unterrühren und alles noch mal 1 bis 2 Minuten erhitzen. Sofort servieren.

POCHIERTES HÄHNCHEN UND GRÜNE BOHNEN IN INGWER-BRÜHE

Ein einfaches Rezept, das perfekt für die kälteren Monate geeignet ist. Zudem ist dieses köstliche Hähnchengericht Paleo-, Keto-, Whole30- und AIP-freundlich. Es ist ein weiterer Fall, in dem die zuvor zubereitete histaminarme Hühnerbrühe Zeit für sonst benötigte Antihistaminika-Kräuter und Gewürze einspart. Der Ingwer verleiht dem Gericht eine asiatische Note.

ERGIBT 4 PORTIONEN

20 g frischer Ingwer, geschält und gerieben

4 Frühlingszwiebeln, in feine Ringe geschnitten

30 ml Kokos Aminos Würzsoße

1 l histaminarme Hühnerbrühe (Seite 67)

4 Bio-Hähnchenbrüste, entbeint und ohne Haut

280 g frische grüne Bohnen, Enden abgeschnitten

Ingwer, Frühlingszwiebeln, Würzsoße und Brühe in einem großen Wok oder einer tiefen Pfanne bei mittlerer bis hoher Temperatur erhitzen und 3 Minuten köcheln lassen.

Das Hähnchenfleisch dazugeben und von beiden Seiten jeweils 6 Minuten garen; dann aus dem Wok nehmen und beiseitestellen.

Die grünen Bohnen in der Brühe in etwa 5 Minuten weich kochen.

Die Brühe und grünen Bohnen auf vier flache Schüsseln verteilen, jeweils eine Hähnchenbrust dazulegen und sofort servieren.

LAMM-KOTELETTES MIT BASILIKUM UND ERBSENPÜREE

Ich habe in diesem Rezept das Erbsenpüree für ein Extra an Antihistamin-Power mit Basilikum gewürzt, und mir gefällt es so richtig gut: Es ist cremig, sättigend und vollwertig. Die meisten Menschen sind unempfindlich gegenüber Kokosnuss und den restlichen Zutaten dieses Rezepts, was es zu einem tollen, allgemeinverträglichen Hauptgericht für jeglichen Anlass macht.

ERGIBT 4 PORTIONEN

ERBSENPÜREE

3 große Kartoffeln, geschält

55 g Bio-Butter

180 ml Kokosnusscreme

Meersalz, zum Abschmecken

300 g Erbsen, aufgetaut, falls gefroren

3 EL frisches Basilikum, grob geschnitten

LAMMFLEISCH

2 EL kalt gepresstes Olivenöl, bei Bedarf mehr

4 Bio-Lamm-Kotelettes

2 EL frisches Basilikum, grob geschnitten

Meersalz, zum Abschmecken

Für das Erbsenpüree die Kartoffeln in einen großen Topf geben und mit kaltem Wasser bedecken. Das Wasser bei mittlerer bis hoher Hitze zum Kochen bringen und die Kartoffeln etwa 15 Minuten garen, bis sie weich sind. Das Wasser abgießen und die Kartoffeln etwas abkühlen lassen.

Die Kartoffeln zurück in den Topf geben und mit einem Kartoffelstampfer gut zerdrücken. Butter, Kokosnusscreme und Salz dazugeben und alles mit einem Handmixer oder Schneebesen glatt pürieren.

Die Erbsen in einen kleinen Topf füllen, mit kaltem Wasser bedecken und alles bei mittlerer bis hoher Hitze zum Kochen bringen. Die Erbsen 5 Minuten garen, abgießen und etwas abkühlen lassen.

Erbsen, Basilikum und 4 Esslöffel des Kartoffelpürees in einer Küchenmaschine glatt pürieren. Die Masse unter das restliche Kartoffelpüree rühren. Bei niedriger Temperatur erwärmen.

Für das Lammfleisch Öl in einer mittelgroßen Pfanne bei mittlerer bis hoher Temperatur erhitzen. Das Lammfleisch rundum mit zusätzlichem Öl einpinseln und mit Basilikum und Salz bestreuen. Das Fleisch in der Pfanne etwa 5 Minuten auf jeder Seite braten.

Die Lammkoteletts auf dem Erbsenpüree anrichten.

BEILAGEN

Mit den passenden Beilagen können Sie jedes Hauptgericht aufpeppen und für Abwechslung sorgen. Vielleicht möchten Sie sich oder Ihrer Familie auch einmal eine Mahlzeit servieren, die nur aus Beilagen besteht. Auch für Partys und als Mitbringsel für Buffets sind sie ideal. Denken Sie selbst jedoch daran, etwas zu essen, bevor Sie zu einer Veranstaltung gehen, bei der es vielleicht Lebensmittel gibt, die Sie vermeiden wollen! Es sei denn, Sie gehen zu einer speziellen Antihistamin-Veranstaltung.

ROSMARINBROT

Entgegen der landläufigen Meinung ist es durchaus möglich, schmackhaftes Brot ohne Gluten zu genießen. Dieses selbst gebackene Brot ist leicht süß-salzig und schmeckt super mit Pesto, Hummus oder ein wenig Butter – es passt auch hervorragend zu den Suppenrezepten in diesem Buch.

ERGIBT 12 PORTIONEN

100 g Mandelmehl (Seite 63)

30 g Tapiokamehl (Seite 62)

30 g Maniokmehl (Seite 62)

1 TL Bio-Backpulver, aluminiumfrei

½ TL Meersalz

3 große Eier aus Freilandhaltung

80 g ungesüßtes Apfelmus

1 EL frischer Rosmarin, fein gehackt

Den Ofen auf 180 °C vorheizen und eine Brotbackform mit Backpapier auslegen.

In einer großen Schüssel Mandelmehl, Tapiokamehl, Maniokmehl, Backpulver und Salz mischen – in einer mittelgroßen Schüssel Eier und Apfelmus verrühren.

Die Eimischung zur Mehlmischung geben und mit einem Löffel oder Schneebesen vermengen, den Rosmarin unterheben. Den Teig in die vorbereitete Brotbackform füllen und etwa 55 Minuten backen beziehungsweise bis ein in die Mitte des Brotes gesteckter Zahnstocher sauber wieder herauskommt.

PHASE 3: Nehmen Sie alternativ 120 g Maniokmehl und 60 g Tapiokamehl. Lassen Sie bei Bedarf die Eier weg (oder versuchen Sie es mit 3 großen Eigelben aus Bodenhaltung ohne das Eiweiß) und nehmen Sie 125 g ungesüßtes Apfelmus.

GERÖSTETER FENCHEL

Fenchel ist ein antihistaminisches Lebensmittel mit einem ausgeprägt frischen, lakritzartigen Geschmack; da braucht es wirklich nichts dazu. Fenchel ist außerdem reich an Ballaststoffen, Kalium, Folsäure, Vitamin C und anderen wichtigen Nährstoffen. Richtig zubereitet ist Fenchel weich und sehr sättigend.

ERGIBT 4 PORTIONEN

2 große Fenchelknollen

Kalt gepresstes Olivenöl, nach Bedarf

Meersalz, nach Bedarf

Den Ofen auf 205 °C vorheizen und ein großes Backblech mit Backpapier auslegen.

Das Fenchelgrün und die Enden der Fenchelknolle abschneiden und entsorgen. Die Knolle mit der Strunkseite nach unten auf eine Arbeitsfläche legen und in etwa 5 mm dicke Scheiben schneiden; diese auf das vorbereitete Backblech legen.

Die Fenchelscheiben mit der gewünschten Menge Öl (ich empfehle etwa 2 Esslöffel) beträufeln und gleichmäßig verteilen. Den Fenchel mit Salz bestreuen und 30 bis 40 Minuten backen, bis die Oberfläche gebräunt ist.

PÜREE AUS JAPANISCHEN SÜẞKARTOFFELN

Alle natürlich lilafarbenen Lebensmittel enthalten mehr Antioxidantien als ihre weniger intensiv-farbigen Pendants. Bei Süßkartoffeln ist das nicht anders. Die japanische Süßkartoffel ist eines der potentesten antihistaminischen Lebensmittel. Die tolle Farbe macht dieses Gericht auch auf dem Esstisch zu einem echten Hingucker.

ERGIBT 4 PORTIONEN

4 mittelgroße japanische Süßkartoffeln, geschält und gewürfelt

30 g Bio-Butter

1 MSP Meersalz

Ungesüßte Vanille-, Mandel- oder Kokosmilch (für ein süßes Gericht) oder Brühe (Seite 67; für ein herzhaftes Gericht), je nach Bedarf

Die Süßkartoffeln in einem großen Topf mit kaltem Wasser bedecken. Bei mittlerer bis hoher Temperatur in etwa 15 Minuten weich kochen. Das Wasser abgießen und Butter, Salz sowie Milch oder Brühe hinzufügen. Die Kartoffeln mit einem Handmixer glatt pürieren.

SÜßKARTOFFEL-LATKES

Diese Süßkartoffel-Puffer sind eine Variation der traditionellen Kartoffelpfannkuchen, die die aschkenasischen Juden seit Mitte der 1880er Jahre als Teil des Chanukka-Festes zubereiten. Sie sind ein Genuss für die Sinne und haben durch die Zugabe von Knoblauch eine antihistaminische Wirkung.

ERGIBT 4 PORTIONEN

2 mittelgroße Süßkartoffeln, geschält und geraspelt

4 Knoblauchzehen, klein gehackt

3 große Eier aus Freilandhaltung, verquirlt

2 EL Mandelmehl (Seite 63)

1 TL Meersalz

Kalt gepresstes Olivenöl, nach Bedarf

Frühlingszwiebeln, grob geschnitten, nach Bedarf

Süßkartoffeln, Knoblauch, Eier, Mehl und Salz in einer großen Schüssel gründlich vermischen und daraus flache Pattys formen.

Eine großzügige Menge Öl in einer mittelgroßen Pfanne bei mittlerer bis hoher Temperatur erhitzen. Die Pattys etwa 3 Minuten auf jeder Seite braten oder bis sie goldbraun sind. Die Latkes mit den Frühlingszwiebeln bestreuen und servieren.

PHASE 3: Ersetzen Sie das Mandelmehl durch Tapiokamehl, wenn Sie keine Nüsse vertragen.

KNUSPER-KAROTTEN MIT KNOBLAUCH

Die meisten Wurzelgemüse sind histaminarme Lebensmittel; Karotten jedoch heben sich durch ihren großen Vitamin A-Gehalt zusätzlich hervor. Diese Beilage passt gut zu allen Hauptgerichten in diesem Buch.

ERGIBT 2 PORTIONEN

4 große Karotten, geschält und der Länge nach in dünne Streifen geschnitten

3 EL kalt gepresstes Olivenöl

4 Knoblauchzehen, gehackt

¼ TL Meersalz

Den Backofen auf 165 °C vorheizen.

Karotten, Öl, Knoblauch und Salz in einer mittelgroßen Schüssel gründlich miteinander vermengen. Die Karottenstreifen flach nebeneinander auf einem mittelgroßen Backblech auslegen. 30 Minuten backen beziehungsweise bis die Ränder der Karotten knusprig sind.

ZUCCHINI- UND KAROTTEN-„SPAGHETTI“

Geschmack und Textur sind besonders wichtig, wenn Sie eine eingeschränkte Diät befolgen müssen. Diesem Rezept sollte es gelingen, Ihrem Gehirn vorzugaukeln, Sie würden Nudeln auf Getreidebasis essen! Probieren Sie es aus und lassen Sie mich wissen, ob es Ihnen geschmeckt hat.

ERGIBT 4 PORTIONEN

1 EL kalt gepresstes Olivenöl

4 große Karotten, geschält, mit einem Spiralschneider zu dünnen Spaghettistreifen geschnitten

4 große Zucchini, mit einem Spiralschneider zu dünnen Spaghettistreifen geschnitten

5 Knoblauchzehen, gehackt

15 g Bio-Butter

Frischer Thymian, grob gehackt

Das Öl bei mittlerer Temperatur in einer großen Pfanne erhitzen. Karotten und Zucchini hinzufügen und 5 Minuten braten; in der letzten Minute den Knoblauch hinzufügen und alles gut vermischen. Butter und Thymian hinzufügen und gut untermischen.

ROSENKOHL IN KNOBLAUCH-SALBEI-BUTTER

Regelmäßig viel Gemüse zu essen kann für manche eine Herausforderung sein, aber nicht, wenn dieses mit einem üppigen Klecks Kräuterbutter gekrönt wird! Dies ist ein weiteres Gericht, das sich perfekt mit anderen genießen lässt.

ERGIBT 4 PORTIONEN

ROSENKOHL

450 g Rosenkohl, geputzt und Stengelansatz entfernt, halbiert

2 EL kalt gepresstes Olivenöl

Meersalz, zum Abschmecken

KRÄUTERBUTTER-SOSSE

55 g Bio-Butter

15 g Knoblauch, gehackt

1½ EL frischer Schnittlauch, fein gehackt

Den Backofen auf 205 °C vorheizen.

Den Rosenkohl auf einem mittelgroßen Backblech oder einer gusseisernen Pfanne verteilen, mit Öl bestreichen und mit Salz bestreuen. Das Backblech leicht hin und her schwenken, um alles gut miteinander zu vermengen. Den Rosenkohl 30 Minuten im Ofen garen beziehungsweise bis er leicht gebräunt ist.

Für die Kräuterbutter die Butter in einem kleinen Topf bei mittlerer bis niedriger Hitze schmelzen. Knoblauch und Schnittlauch hinzufügen und unter häufigem Rühren etwa 3 Minuten lang köcheln lassen.

Den Rosenkohl aus dem Ofen nehmen, gegebenenfalls zum Servieren umfüllen und die Kräuterbutter-Soße darüber träufeln.

MANDEL-HUMMUS

Man weiß leider nie genau, was sich in gekauftem Hummus alles an Zutaten befindet, aber dieser selbst gemachte ist garantiert rein, nahrhaft und lecker. Er kann als Dip für Gemüse oder als Aufstrich auf histaminarmem Brot verwendet werden.

ERGIBT 8–10 PORTIONEN

340 g Rohmandeln, in Wasser eingeweicht (mindestens 4 Stunden)

110 g Tahin

3 bis 4 Knoblauchzehen, grob gehackt

2 TL gemahlener Kreuzkümmel

1 TL Meersalz

80 ml warmes Wasser

120 ml kalt gepresstes Olivenöl

Saft von 3 Zitronen (optional)

Mandeln, Tahin, Knoblauch, Kreuzkümmel, Salz, Wasser, Öl und Zitronensaft (falls verwendet) in einer Küchenmaschine auf hoher Stufe zu einer glatten Masse pürieren. Nach Bedarf mehr Öl oder Wasser hinzufügen, bis die gewünschte Konsistenz erreicht ist.

PHASE 3: Statt den Mandeln einen zerkleinerten gedünsteten Blumenkohl verwenden (vorher abkühlen lassen).

GETRÄNKE UND DESSERTS

Willkommen zu meinem Lieblingskapitel meines Buches: den Getränken und Desserts. Wenn Sie eine histaminarme Diät machen, finde ich es wichtig, dass Sie auf kreative Weise hydriert bleiben und hin und wieder Desserts als Belohnung genießen können. Es ist viel einfacher, seine Diät einzuhalten, wenn man nicht das Gefühl hat, dass man etwas entbehren muss. Hier sind meine Lieblingsrezepte, die Sie ausprobieren können.

CREMIGER MANGO-SMOOTHIE

Haben Sie noch nie versucht, Blumenkohl in einen Smoothie zu geben? Ich war anfangs auch skeptisch, bis ich es ausprobiert habe. Dies ist eine sättigende, raffinierte Art, mehr Gemüse in Ihre Ernährung zu integrieren und gleichzeitig Ihren Smoothie cremiger zu machen. Sie werden nichts Kohliges herausschmecken, das verspreche ich Ihnen. Dies ist ein aromatischer, milchig-cremiger Antihistamin-Smoothie, den auch andere gerne probieren werden.

ERGIBT 1 PORTION

125 g gefrorene Mangowürfel

90 g gefrorene Blumenkohl-Röschen

40 g Chiasamen

1 TL Vanilleextrakt, ohne Konservierungsstoffe

240 ml Pflanzenmilch

Eiswürfel, falls erforderlich

Mango, Blumenkohl, Chiasamen, Vanille, Milch und Eiswürfel in einem Mixer glatt pürieren.

OVERNIGHT KIRSCH-CHIA-SMOOTHIE

Ich mag meine Kochzeit gerne so produktiv wie möglich gestalten und mache daher manchmal bereits das Frühstück für den nächsten Tag, während ich das Abendessen zubereite. Einige Frühstücksrezepte können auch direkt als Dessert serviert werden, obwohl andere, wie dieses, am besten schmecken und die beste Konsistenz haben, wenn man sie mindestens 4 Stunden im Kühlschrank ruhen lässt. Kirschen enthalten viel Quercetin, das den Histamingehalt im Körper reduziert. Chiasamen sind wunderbar beruhigend für den Darm und reich an Antioxidantien, Ballaststoffen, Eisen und Kalzium.

ERGIBT 1 PORTION

1 Portion Chia-Pudding (Seite 75), bevor er gekühlt wird

80 g frische oder gefrorene Kirschen

Den Pudding und die Kirschen in einem Mixer glatt pürieren. Den Smoothie in ein Schraubglas füllen und über Nacht oder für mindestens 4 Stunden kalt stellen.

APFEL-KAROTTEN-INGWER-SAFT

Der Verzehr von Gemüse, das reich an Vitamin A ist, kann dazu beitragen, Ihre allergischen Reaktionen zu regulieren. Als Rohkost oder zu Saft verarbeitet stellt das Gemüse alle Vorteile zur Verfügung, die es zu bieten hat. Dieser Saft enthält eine große Dosis an Vitamin-A-reichen Karotten sowie antihistaminischen Zutaten wie Apfel und Ingwer.

ERGIBT 1 PORTION

6 Karotten

1 großer grüner Apfel

1 Stück frischer Ingwer (2,5 cm), geschält

Karotten, Apfel und Ingwer in einem Entsafter verarbeiten und sofort servieren.

GEMÜSE-BIRNEN-SAFT

Ich bin immer wieder erstaunt, wie viel Gemüse ich einem Obstsaft hinzufügen kann, ohne dass es den Geschmack beeinträchtigt. Süße Birnen sind neutral, die Gurke ist erfrischend und leicht, der Grünkohl ist antihistaminisch und ebenso der Sellerie! Sellerie enthält Quercetin und Luteolin, wirkt entzündungshemmend und unterstützt den Verdauungstrakt.

ERGIBT 1 PORTION

1 mittelgroßer Bund Grünkohl, mit Stielen

2 große Stangen Sellerie

½ mittelgroße Gurke

1½ Birnen

Grünkohl, Sellerie, Gurke und Birnen in einem Entsafter verarbeiten und sofort servieren.

ROSMARIN-SHORTBREAD

Mit dem Maniokmehl in diesem leckeren Shortbread füttern Sie die guten Bakterien in Ihrem Darm, während Sie gleichzeitig dank des Rosmarins den Histamingehalt niedrig halten. Außerdem duftet dieses Brot schon beim Backen wunderbar.

ERGIBT 6 PORTIONEN

50 g Ahornzucker

1 TL Vanille, ohne Konservierungsstoffe

90 g Maniokmehl (Seite 62)

1 TL frischer Rosmarin, grob gehackt

115 g kalte gesalzene Bio-Butter, in Würfel geschnitten

Den Backofen auf 160 °C vorheizen. Eine runde Kuchenform (23 cm Durchmesser) einfetten.

Zucker, Vanille, Mehl, Rosmarin und Butter in einer Küchenmaschine mit der Pulsfunktion ca. 10 Sekunden lang vermengen, bis alles gut vermischt ist. Den Teig aus der Küchenmaschine nehmen und zu einer Kugel formen. Achten Sie darauf, dass alles gut zusammenhält und der Teig nicht zerkrümelt.

Den Teig in die vorbereitete Kuchenform geben und flach andrücken. 30 Minuten lang backen, bis sich das Gebäck an den Rändern goldbraun färbt.

Das Gebäck vor dem Anschneiden 5 Minuten abkühlen lassen.

APFELKUCHEN MIT KNUSPERKRUSTE

Äpfel schmecken roh und knackig am besten; gekochte Äpfel haben dagegen eine ganz andere Qualität. Dank ihres natürlichen Gehalts an Quercetin werden sie bei Histaminintoleranz empfohlen - hier werden sie mit einer Knusperkruste zusätzlich veredelt.

ERGIBT 8 PORTIONEN

FÜLLUNG

60 ml Vollfett-Kokosmilch

2 TL Vanilleextrakt, ohne Konservierungsstoffe

2 EL Ahornsirup

10 g Ahornzucker

½ TL Tapioka- oder Pfeilwurzelmehl

440 g Gala-Äpfel, geschält und in Scheiben geschnitten

KNUSPERKRUSTE

55 g zimmerwarme Bio-Butter oder 4 EL Kokosöl, plus zum Einfetten der Form

50 g Mandelmehl (Seite 63)

20 g Ahornzucker

1 MSP Meersalz

30 g Pekannüsse oder Mandeln, fein gehackt (optional)

Den Backofen auf 190 °C vorheizen. Eine runde (23 cm Durchmesser) oder eine eckige Backform (20 x 20 cm) mit Butter oder Kokosöl einfetten.

Für die Füllung Kokosmilch, Vanille, Ahornsirup, Ahornzucker und Tapiokamehl in einer mittelgroßen Schüssel verrühren. Die Apfelscheiben unter die Milchmischung rühren.

Für den Belag Butter, Kokosmehl, Mandelmehl, Ahornzucker, Salz und Pekannüsse (falls verwendet) in einer kleinen Schüssel mit einer Gabel oder den Händen krümelig vermengen.

Die Apfelmischung in die vorbereitete Backform geben und 30 Minuten backen. Die Form aus dem Ofen nehmen und die Krümel über die Äpfel streuen. Etwa 20 Minuten weiterbacken, bis die Äpfel weich sind und die Kruste gebräunt ist. Noch warm servieren.

BIRNEN IN VANILLESIRUP

Wenn alle Zutaten im Haus sind, ist das Rezept ruckzuck zubereitet. Aus diesem Grund mache ich es oft spontan, wenn ich mich nach etwas Süßem und Antihistaminischem sehne; Kriterien, die dieses Rezept dank der Birnen erfüllt.

ERGIBT 4 PORTIONEN

240 ml Wasser

35 g Ahorn- oder Kokosblütenzucker

½ Vanilleschote, aufgeschnitten und ausgekratzt

2 halbreife Bartlett-Birnen, halbiert und entkernt (alternativ auch Anjou, Bosc, Forellenbirne oder Taylor's Gold Birne)

Wasser, Ahornzucker und Vanilleschote in einem mittelgroßen Topf bei niedriger Hitze aufkochen und unter häufigem Rühren 3 bis 4 Minuten köcheln lassen, bis sich der Zucker aufgelöst hat. Die Birnen dazugeben und etwa 5 Minuten weiterköcheln lassen, bis sie weich sind.

Die Birnen auf vier Schüsseln verteilen und den Sirup darübergießen.

ANTIHISTAMINISCHE INGWER-COOKIES

Ingwer wirkt entzündungshemmend und stabilisiert die Mastzellen. Warum also nicht Kekse damit backen? Mit diesem einfachen, beliebten Rezept können Sie das Gebäck jedem anbieten, der zu Besuch kommt. Die Kekse enthalten viel gutes Fett, sodass Sie sich keine Sorgen machen müssen, zu viele davon zu essen.

ERGIBT 15 COOKIES

- 95 g Mandelmehl (Seite 63)
- 65 g Tapiokamehl (Seite 62)
- 30 g Kokosnussmehl (Seite 63)
- 70 g Ahornzucker
- 1 TL Backpulver
- 1½ TL gemahlener Ingwer
- ½ TL Meersalz
- 1 großes Ei oder 2 große Eigelbe aus Freilandhaltung (bei Eiweiß-Unverträglichkeit)
- 3 EL Zuckerrohr-Melasse
- 115 g Kokosöl, geschmolzen

Den Backofen auf 180 °C vorheizen und ein großes Backblech mit Backpapier auslegen.

Mandelmehl, Tapiokamehl, Kokosnussmehl, Ahornzucker, Backpulver, Ingwer und Salz in einer großen Schüssel mischen.

Ei, Melasse und Kokosöl in einer kleinen Schüssel verrühren. Die Eimischung zur Mehlmischung geben und mit einem Handrührgerät oder einem Löffel vermengen.

Einen gehäuften Esslöffel (etwa 15 g) des Teigs abnehmen, zu einer Kugel rollen und auf das vorbereitete Backblech legen; den restlichen Teig auf gleiche Weise verarbeiten. Sie sollten 15 Kekse erhalten.

Das Gebäck 15 Minuten lang backen beziehungsweise bis sich die Cookies zu bräunen beginnen. Bei Bedarf die Kekse nach der Hälfte der Backzeit mit einem Löffel leicht nach unten drücken, damit sie flacher werden.

PHASE 3: Ersetzen Sie das Mandelmehl durch 120 g Maniok- oder Tigernussmehl.

DRESSINGS

Wenn es um Salatdressings geht, haben diejenigen unter uns, die keine histaminreichen Lebensmittel vertragen, ein Problem, denn die meisten Essigsorten enthalten viel Histamin. Branntweinessig ist der Essig mit dem geringsten Histamingehalt, Apfelessig folgt dicht dahinter. Manche vertragen diese Essigsorten, andere nicht. Probieren Sie es aus und nehmen Sie alternativ Zitronensaft, wenn Sie gar keinen Essig vertragen. Ich habe die Erfahrung gemacht, dass Salatdressing in der Regel gut verträglich ist, wenn man es im Voraus zubereitet und bis zu drei Tage im Kühlschrank aufbewahrt. Einige von Ihnen müssen das Dressing vielleicht für jeden Salat frisch zubereiten, wenn Sie immer noch stark auf die meisten Lebensmittel reagieren. In diesem Fall reduzieren Sie einfach das Öl auf etwa 60 ml und den Essig auf etwa 1 Esslöffel (15 ml) und fügen Sie kleine Mengen der anderen Zutaten hinzu.

ESTRAGON-VINAIGRETTE

Estragon passt gut zu Schweinefleisch, Huhn und Fisch. Außerdem wirkt er stabilisierend auf die Mastzellen und ist eines der reichhaltigsten antioxidativen Kräuter, das Entzündungen im Verdauungstrakt lindert.

ERGIBT 300 ML

60 ml Bio-Branntweinessig

240 ml mildes, kalt gepresstes Olivenöl

40 g frischer Estragon

1 TL Meersalz

Essig, Öl, Estragon und Salz in einen Mixer geben und so lange pürieren, bis keine Estragonstückchen mehr zu sehen sind. Das Dressing bis zu 36 Stunden im Kühlschrank aufbewahren (eventuell bis zu 72 Stunden möglich).

APFEL-VINAIGRETTE

Wenn Sie Apfelessig vertragen, werden Sie diese Vinaigrette lieben. Sie vereint alle süßen, salzigen und sauren Aromen und ergibt ein fantastisches, ausgewogenes Dressing für jeden Antihistaminika-Salat. Sollten Sie auf Apfelessig negativ reagieren, versuchen Sie es stattdessen mit Branntweinessig.

ERGIBT 300–360 ML

- 60 bis 120 ml Apfelessig
- 240 ml kalt gepresstes Olivenöl
- 1 TL heimischer Honig
- 1 TL Meersalz

Essig, Öl, Honig und Salz in ein großes Schraubglas füllen und kräftig schütteln, bis sich die Zutaten vermischt haben. Das Dressing bis zu 36 Stunden im Kühlschrank aufbewahren (eventuell bis zu 72 Stunden möglich).

INGWER-DRESSING

Dieses wärmende antihistaminische Dressing passt gut zu frischer Brunnenkresse und Rucola oder man träufelt es über ein einfaches Gemüsegericht. Vor allem an kalten Abenden, wenn man sich nicht besonders energiegeladen fühlt, entfaltet es seine Wirkung. Achten Sie darauf, den Ingwer gut zu pürieren oder fein zu reiben, damit keine Fasern im Dressing sind.

ERGIBT 300 ML

- 240 ml kalt gepresstes Olivenöl
- 60 ml Branntweinessig
- 1 TL geriebener Ingwer
- 1 TL heimischer Honig

Öl, Essig, Ingwer und Honig in ein großes Schraubglas oder einen Mixer geben und gründlich schütteln beziehungsweise mixen. Im Kühlschrank bis zu 36 Stunden aufbewahren (eventuell bis zu 72 Stunden möglich).

Antihistaminischer Speiseplan

	TAG 1	TAG 2	TAG 3	TAG 4	TAG 5	TAG 6
FRÜHSTÜCK	Chia-Pudding à la „Peanut Butter and Jelly“	Eier mit Pepp auf grünem Blattgemüse	Cremiger Mango-Smoothie	Grünkohl-Süßkartoffel-Muffins	Apfelbrot	Spargel-Kartoffel-Frittata
MITTAGESSEN	Süßkartoffelsuppe mit Geflügelwurst und Palmkohl; optional mit Rosmarinbrot	Salat mit Äpfeln, Nüssen, Rucola und Hähnchen	Lamm-Burger mit Rosmarin und Knoblauch	Wrap mit Grünkohl-Geflügel-Patty; Püree aus japanischen Süßkartoffeln	Artischockensuppe; optional mit Rosmarinbrot	Hähnchen-Mango-Salat
ABENDESSEN	Schweinemedaillons mit Rosenkohl und Karotten	Brathähnchen aus dem Instant Pot mit Blumenkohlpüree und Soße	Antihistaminische Hähnchenpfanne	Schweinekotelett mit Fenchel, Zwiebel und Birne; Knusper-Karotten mit Knoblauch	Honig-Knoblauch-Hähnchen; Rosenkohl in Knoblauch-Salbei-Butter	Sesam-Ingwer-Hähnchen-Tacos in Jicama-Schalen
	TAG 7	**TAG 8**	**TAG 9**	**TAG 10**	**TAG 11**	**TAG 12**
FRÜHSTÜCK	Overnight Kirsch-Chia-Smoothie	Apfel-Karotten-Muffins	Chia-Pudding à la „Peanut Butter and Jelly“	Eier mit Pepp auf grünem Blattgemüse	Cremiger Mango-Smoothie	Grünkohl-Süßkartoffel-Muffins
MITTAGESSEN	Truthahn-Burger mit Thymian und Oregano; Knusper-Karotten mit Knoblauch	Salat-Wraps mit süß-pikant gewürztem Hähnchen; Rosenkohl in Knoblauch-Salbei-Butter	Hühner-„Nudel“-Suppe mit Salbei, optional mit Rosmarinbrot	Blattkohl-Wraps mit Hähnchen und Pesto; Süßkartoffel-Latkes	Süßkartoffelsuppe mit Geflügelwurst und Palmkohl, optional mit Rosmarin-Brot	Salat mit Äpfeln, Nüssen, Rucola und Hähnchen
ABENDESSEN	Lamm-Koteletes mit Basilikum und Erbsenpüree; Süßkartoffel-Latkes	Pfannengericht mit Huhn, Süßkartoffel, Apfel und Brokkoli	Huhn mit Grünkohl-Pesto und Mozzarella; Gerösteter Fenchel	Kohl-Hackfleisch-Pfanne; Püree aus japanischen Süßkartoffeln	Pochiertes Hähnchen und grüne Bohnen in Ingwer-Brühe	Schweinemedaillons mit Rosenkohl und Karotten
	TAG 13	**TAG 14**	**TAG 15**	**TAG 16**	**TAG 17**	**TAG 18**
RÜHSTÜCK	Apfelbrot	Spargel-Kartoffel-Frittata	Overnight Kirsch-Chia-Smoothie	Apfel-Karotten-Muffins	Chia-Pudding à la „Peanut Butter and Jelly“	Eier mit Pepp auf grünem Blattgemüse

MITTAGESSEN	Lamm-Burger mit Rosmarin und Knoblauch	Wrap mit Grünkohl-Geflügel-Patty; Püree aus japanischen Süßkartoffeln	Artischockensuppe, optional mit Rosmarinbrot	Hähnchen-Mango-Salat	Truthahn-Burger mit Thymian und Oregano; Knusper-Karotten mit Knoblauch	Salat-Wraps mit süß-pikant gewürztem Hähnchen; Rosenkohl in Knoblauch-Salbei-Butter
ABENDESSEN	Brathähnchen aus dem Instant Pot mit Blumenkohlpüree und Soße	Antihistaminische Hähnchenpfanne	Schweinekotelett mit Fenchel, Zwiebel und Birne; Knusper-Karotten mit Knoblauch	Honig-Knoblauch-Hähnchen; Rosenkohl in Knoblauch-Salbei-Butter	Sesam-Ingwer-Hähnchen-Tacos in Jicama-Schalen	Lamm-Kotelettes mit Basilikum; Erbsenpüree; Süßkartoffel-Latkes
	TAG 19	**TAG 20**	**TAG 21**	**TAG 22**	**TAG 23**	**TAG 24**
FRÜHSTÜCK	Cremiger Mango-Smoothie	Grünkohl-Süßkartoffel-Muffins	Apfelbrot	Spargel-Kartoffel-Frittata	Overnight Kirsch-Chia-Smoothie	Apfel-Karotten-Muffins
MITTAGESSEN	Hühner-„Nudel"-Suppe mit Salbei, optional mit Rosmarinbrot	Blattkohl-Wraps mit Hähnchen und Pesto; Süßkartoffel-Latkes	Süßkartoffelsuppe mit Geflügelwurst und Palmkohl; optional mit Rosmarinbrot	Salat mit Äpfeln, Nüssen, Rucola und Hähnchen	Lamm-Burger mit Rosmarin und Knoblauch	Wrap mit Grünkohl-Geflügel-Patty; Püree aus japanischen Süßkartoffeln
ABENDESSEN	Pfannengericht mit Huhn, Süßkartoffel, Apfel und Brokkoli	Huhn mit Grünkohl-Pesto und Mozzarella; Gerösteter Fenchel	Kohl-Hackfleisch-Pfanne; Püree aus japanischen Süßkartoffeln	Pochiertes Hähnchen und grüne Bohnen in Ingwer-Brühe	Schweinemedaillons mit Rosenkohl und Karotten	Brathähnchen aus dem Instant Pot mit Blumenkohlpüree und Soße
	TAG 25	**TAG 26**	**TAG 27**	**TAG 28**	**TAG 29**	**TAG 30**
FRÜHSTÜCK	Chia-Pudding à la „Peanut Butter and Jelly"	Eier mit Pepp auf grünem Blattgemüse	Cremiger Mango-Smoothie	Grünkohl-Süßkartoffel-Muffins	Cremiger Mango-Smoothie	Grünkohl-Süßkartoffel-Muffins
MITTAGESSEN	Artischockensuppe; optional mit Rosmarinbrot	Hähnchen-Mango-Salat	Truthahn-Burger mit Thymian und Oregano; Knusper-Karotten mit Knoblauch	Salat-Wraps mit süß-pikant gewürztem Hähnchen; Rosenkohl in Knoblauch-Salbei-Butter	Hühner-„Nudel"-Suppe mit Salbei, optional mit Rosmarinbrot	Blattkohl-Wraps mit Hähnchen und Pesto; Süßkartoffel-Latkes
ABENDESSEN	Antihistaminische Hähnchenpfanne	Schweinekotelett mit Fenchel, Zwiebel und Birne; Knusper-Karotten mit Knoblauch	Honig-Knoblauch-Hähnchen; Rosenkohl in Knoblauch-Salbei-Butter	Sesam-Ingwer-Hähnchen-Tacos in Jicama-Schalen	Lamm-Koteletes mit Basilikum und Erbsenpüree; Süßkartoffel-Latkes	Pfannengericht mit Huhn, Süßkartoffel, Apfel und Brokkoli

ANHANG

ZUSÄTZLICHE **MITTEL**

NAHRUNGSERGÄNZUNGS-MITTEL BEI HISTAMIN-INTOLERANZ

Es gibt inzwischen unzählige Nahrungsergänzungsmittel, von denen einige bei Histaminintoleranz hilfreich sein können, andere wiederum nicht.

Aus diesem Grund muss man bei Nahrungsergänzungsmitteln sehr vorsichtig sein. Probiotika zum Beispiel, die im Allgemeinen als sicher und gesund gelten, können bei Menschen mit Histaminintoleranz tatsächlich ein Histaminproblem auslösen.

Im Folgenden finden Sie eine Übersicht über die Nahrungsergänzungsmittel, die ich empfehle, und diejenigen, von denen ich abrate.

EMPFOHLENE NAHRUNGSERGÄNZUNGSMITTEL

Vitamin C

Vitamin C ist ein hervorragendes Ergänzungsmittel zur Unterstützung des Immunsystems und wirkt ebenfalls als natürliches Antihistaminikum. Wählen Sie ein Vitamin-C-Präparat, das aus Ascorbylpalmitat hergestellt wird, und meiden Sie das am häufigsten angebotene Vitamin-C-Präparat Ascorbinsäure. Dieses wird in der Regel aus Mais gewonnen, der bei einer histaminarmen Diät nicht verzehrt werden sollte, da viele Menschen darauf allergisch reagieren.

DAO

DAO ist eines der meistdiskutierten Nahrungsergänzungsmittel im Zusammenhang mit Histaminintoleranz, da es sich um ein körpereigenes Enzym handelt, das beim Abbau von Histamin hilft. Bei Menschen mit Histaminintoleranz ist jedoch möglicherweise nicht genug DAO vorhanden, um das Histamin abzubauen, was zu einer Histaminanhäufung führt.

Für diejenigen, die nicht genug von diesem Enzym in ihrem Körper haben, kann die Einnahme eines DAO-Ergänzungsmittels erforderlich sein. Eine Nahrungsergänzung mit DAO ist möglicherweise nicht permanent notwendig, denn sobald die Histaminintoleranz unter Kontrolle ist, kann der Körper damit beginnen, selbst ausreichende Mengen an DAO zu bilden. Es gibt jedoch Menschen, die von Geburt an nicht genügend DAO bilden, sodass eine Supplementierung langfristig erforderlich sein kann. Wie bei allem anderen auch ist dies von Person zu Person unterschiedlich.

DAO-Ergänzungspräparate werden in der Regel nach dem Verzehr von histaminreichen Speisen oder Getränken eingenommen und sollten – wenn Sie eine Diät machen – nicht täglich verzehrt werden. Seeking Health stellt ein hervorragendes DAO-Präparat namens Histamin Block her.

Quercetin

Quercetin ist eine der am häufigsten empfohlenen Nahrungsergänzungen bei Histaminintoleranz. Quercetin bewirkt, dass die Freisetzung von Histamin aus den Mastzellen direkt blockiert wird. Außerdem hat es entzündungshemmende und antivirale Eigenschaften, die sich bei der Bekämpfung der Ursachen für Histaminintoleranz als nützlich erweisen können. Eine Liste von Lebensmitteln mit hohem Quercetingehalt finden Sie auf Seite 56.

Brennnessel (Brennnessel-Extrakt)

Die Große Brennnessel (Urtica dioica) ist eine Pflanze, die die Histaminproduktion des Körpers reduzieren kann. Es hat sich gezeigt, dass sie genauso wirksam ist wie die Antihistaminika Claritin, Zyrtec und andere, ohne die DAO-Enzymaktivität im Körper zu verringern.

Selen

Selen ist ein Spurenelement, das in Lebensmitteln wie Paranüssen, Innereien, Eiern und anderen enthalten ist. Es ist ein leistungsstarker Nährstoff mit vielen gesundheitlichen Vorteilen, unter anderem zur Unterstützung der Schilddrüse. Viele wissen allerdings nicht, dass Selen auch für die Reduktion der Mastzellenaktivierung wichtig ist. Das macht Selen zu einem essentiellen Nährstoff für Menschen, die unter Histaminintoleranz leiden.

Im nächsten Abschnitt werde ich Ihnen mein Konzept der Unterstützung bei Histaminintoleranz mittels einiger wichtiger Nahrungsergänzungsmittel vorstellen. Dieses Konzept bildet eine gute allgemeine Grundlage für Menschen mit Histaminintoleranz und wird von den meisten gut vertragen. Einige benötigen möglicherweise einen spezifischeren Plan, der auf der zugrunde liegenden Ursache (oder den Ursachen) der Histaminintoleranz basiert, aber dies ist ein guter Anfang.

DR. BECKYS LIEBLINGS-PRODUKTE AUS DEM LADEN

Einer der schwierigsten Punkte bei der Einhaltung eines histaminarmen Ernährungsplans ist, dass alles frisch zubereitet werden muss. Obwohl dies auf die meisten Lebensmittel zutrifft, habe ich eine Liste von abgepackten Lebensmitteln zusammengestellt, die Sie bedenkenlos verzehren können und die Ihr Wohlbefinden nicht beeinträchtigen sollten (siehe Seite 174).

Ich empfehle zwar, so viel wie möglich selbst zuzubereiten, vor allem in der Anfangsphase der Eliminierung, aber es ist auch in Ordnung, einige Paleo-freundliche Dinge im Laden zu kaufen (vor allem, wenn Sie Ihre Symptome fest im Griff haben).

Anm. d. Red.:
Diese Online-Händler im deutschsprachigen Raum haben sich auf Bio-Lebensmittel bei Histaminintoleranz spezialisiert:

- https://unvertraeglichkeitsladen.de/Histaminarme-Lebensmittel/
- https://www.histaminintoleranz-shop.de/
- https://histaminikus.de/
- https://www.un-vertraeglich.de/

DR. BECKYS KONZEPT ZUM EINSATZ VON NAHRUNGS-ERGÄNZUNGSMITTELN BEI HISTAMININTOLERANZ

HISTO RELIEF

Dies ist mein Lieblingspräparat zur Unterstützung von Histaminintoleranz oder MCAS. Histo Relief ist ein Mastzellen stabilisierendes Ergänzungsmittel, das die Immunfunktion sowie die Reaktion des Körpers auf Nahrungsmittel und Umweltfaktoren unterstützt. Es fördert die Verdauung sowie antioxidative Prozesse.

Histo Relief ist eine Mischung aus Nährstoffen wie Quercetin, Brennnesselblättern und Vitamin C, die bei der Stabilisierung der Mastzellen sehr hilfreich sein können. Es enthält auch Tinofend, das aus der Pflanze *Tinospora cordifolia* gewonnen wird, die nachweislich wichtige Immunmediatoren reguliert und die Aktivität der Makrophagen unterstützt.

Dies hilft der Immunantwort, indem es das Gleichgewicht der phagozytierenden weißen Blutkörperchen und der Eosinophilen fördert. Histo Relief eignet sich hervorragend zur Unterstützung von Menschen mit Histaminintoleranz und MCAS. Dieses Ergänzungsmittel enthält auch Quercetin, das zur Stabilisierung der Mastzellen beiträgt. Viele Menschen verwenden es als natürliches Mittel, um Allergiesymptome in den Griff zu bekommen. [Anm. d. Red.: Ein vergleichbares Mittel aus Europa könnte HistaEze von Deltastar sein. Sprechen Sie immer auch mit Ihrem Arzt oder Heilpraktiker.]

ULTIMATE GUT SUPPORT

Die Unterstützung der Integrität der Darmschleimhaut ist bei der Arbeit mit Histaminintoleranz von entscheidender Bedeutung. Die Darmschleimhaut muss gesund und unversehrt sein, damit Allergene, Mikroben und Toxine nicht in den Blutkreislauf gelangen können. Da ein undichter Darm einer der wichtigsten Auslöser für Histaminintoleranz ist, kann dieses Ergänzungsmittel äußerst hilfreich sein, wenn Sie dabei sind, mehr Lebensmittel auszuprobieren. [Anm. d. Red.: Als Alternative von einem europäischen Verkäufer könnten hier die pflanzlichen Verdauungsenzyme von Kala Health eingesetzt werden.]

PROBIOTIKA

Das Thema Probiotika kommt immer wieder zur Sprache, wenn ich mit meinen Patienten über Nahrungsergänzungsmittel spreche. Viele Menschen verwenden sie, um eine gesunde Darmflora zu unterstützen, die für eine gute Verdauung und allgemein für die Gesundheit unerlässlich ist. Für Menschen mit einer Histaminintoleranz sind Probiotika jedoch nicht die beste Wahl, da sie fermentiert sind.

Die Schwierigkeit dabei ist, dass eine gesunde Verdauungsfunktion erforderlich ist, damit die Enzyme DAO und Monoaminoxidase richtig arbeiten können. Daher müssen wir bei der Wahl der Nahrungsergänzungsmittel vorsichtig sein. Die meisten probiotischen Präparate sind nicht nur fermentiert – einige Stämme nützlicher Bakterien können sogar Histamin auslösen. Die gute Nachricht ist, dass es andere Stämme gibt, die das Histamin nachweislich senken.

Wenn auch bisher wenige Forschungsergebnisse bezüglich Histaminintoleranz und Probiotika vorliegen, haben sich folgende Bakterienstämme als verträglich bei Histaminintoleranz erwiesen und sind möglicherweise darüber hinaus in der Lage, Entzündungen zu reduzieren:

- *Bifidobacterium bifidum*
- *Bifidobacterium infantis*
- *Bifidobacterium longum*
- *Bifidobacterium lactis*

- *Lactobacillus rhamnosus*
- *Lactobacillus plantarum*
- *Lactobacillus salivarius*

Das Unternehmen Seeking Health stellt ein Probiotikum namens ProBiota HistaminX her, das bis auf einen alle diese Bakterienstämme enthält. [Anm. d. Red: Bifidoflor HIT von FürstenMED könnte hierfür eine gute Alternative aus Deutschland sein.]

PROBIOTIKA, DIE SIE MEIDEN SOLLTEN

Zu den Bakterienarten, die bei Histaminintoleranz vermieden werden sollten, gehören:

- *Lactobacillus bulgaricus*
- *Lactobacillus casei*
- *Lactobacillus delbrueckii*
- *Lactobacillus helveticus*
- *Streptococcus thermophilus*

DIGEST CARE

Wie ich bereits erwähnt habe, sind Verdauungsenzyme für Menschen mit Histaminintoleranz äußerst wichtig. Da die meisten Betroffenen ein Problem mit ihrer Darmgesundheit haben (zum Beispiel SIBO oder Leaky Gut), benötigen sie in der Regel mehr Unterstützung bei der richtigen Aufspaltung der Nahrung. Das Nahrungsergänzungsmittel Digest Care finden Sie unter https://shop-dr-becky-campbell.myshopify.com. [Anm. d. Red.: Eine Alternative aus Deutschland könnte Betain HCl mit Pepsin und bitterem Enzian von Unimedica sein.]

LIVER LOVE

Maßnahmen wie Infrarotsaunen, Bittersalzbäder und andere natürliche Methoden zur Unterstützung der Leber, über die wir bereits gesprochen haben, können zwar sehr wirksam sein, sind aber auch sehr zeitaufwendig. Das Nahrungsergänzungsmittel Optimal Reset Liver Love (zu finden auf meiner Website) enthält Nährstoffe wie Mariendistel und NAC (ein Derivat der Aminosäure Cystein, das eine starke antioxidative und leberschützende Wirkung hat). NAC schützt den Körper nicht nur vor oxidativem Stress, sondern hilft auch bei der Bildung von Glutathion, dem wichtigsten Antioxidans in der Leber; es wirkt außerdem nachweislich hemmend auf Mastzellen. [Anm. d. Red.: Mariendistel-Kapseln finden Sie auch von deutschen Anbietern, zum Beispiel Unimedica.]

EINNAHMEPLAN FÜR NAHRUNGSERGÄNZUNGSMITTEL

Die Einnahme der oben genannten Ergänzungsmittel empfehle ich in folgender Dosierung:

- Histo Relief: 2 Kapseln zweimal täglich
- Optimal Reset Liver Love:
  2 Kapseln zweimal täglich
- Digest Care: 2 Kapseln pro Mahlzeit
- Ultimate Gut Support: 1 Messlöffel zweimal täglich auf nüchternen Magen (mit Wasser mischen)

Die vorgenannten Nahrungsergänzungsmittel finden Sie auf meiner Website: www.DrBeckyCampbell.com.

Für die Ergänzungsmittel von Seeking Health empfehle ich folgende Dosierung:

- Seeking Health ProBiota HistaminX:
  1 Kapsel zweimal täglich
- Seeking Health Histamin Block:
  Kann mit Nahrungsmitteln oder Getränken eingenommen werden, die viel Histamin enthalten (ideal, wenn Sie Wein trinken)

Die vorgenannten Nahrungsergänzungsmittel finden Sie unter www.seekinghealth.com.

[Anm. d. Red.: Die vom Verlag vorgeschlagenen Alternativen finden Sie unter

- https://www.unimedica.de/
- https://fuerstenmed.de/
- https://www.kalahealth.eu/]

BELIEBTE FERTIGPRODUKTE

Produkte von Siete
https://sietefoods.com
[Anm. d. Red.: von Deutschland aus zum Beispiel auch via https://de.iherb.com/ bestellbar]

JA
Maniok & Kokos-Tortilla-Schalen; Tortilla-Schalen aus Maniok & Chia

VIELLEICHT
Tortilla-Schalen aus Mandelmehl

NEIN
Alle Produkte, die Avocado-Öl enthalten (wie die Tortilla-Chips), Tortilla-Schalen mit Cashewnüssen oder Kichererbsen, scharfe Soßen

Produkte von Simple Mills
https://www.simplemills.com
[Anm. d. Red.: auch via https://de.iherb.com/ bestellbar]

VIELLEICHT
Rosmarin & Meersalz-Cracker, Brotbackmischung, Pizzateigmischung, Vanillekuchenmischung, Pekan Cookies (wenn Sie gut mit Mandelmehl zurechtkommen)

NEIN
Produkte, die Schokolade, Tomate, Banane, Cheddar-Käse, Zimt und Erdnussbutter enthalten.

Produkte von Legit Bread Company
http://www.legitbreadcompany.com
Dies ist eine meiner Lieblingsmarken, die mir das Leben mit Histaminintoleranz erleichtert. Ich backe regelmäßig mit diesen Brotbackmischungen, denn dadurch wird die Zubereitung schnell und einfach. Das Einzige, womit man möglicherweise ein Problem haben könnte, ist Apfelessig, der zu den histaminärmsten Essigsorten gehört. Ich habe diese Brotmischungen auch schon ohne Apfelessig zubereitet, und das Brot ist sehr gut geworden.
[Anm. d. Red.: Alternative Bezugsquellen für Deutschland sind zum Beispiel
https://histaminikus.de/collections
https://www.histaminintoleranz-shop.de/online-shop/fertiggerichte/]

JA
Bagel-Teigmischung, Sandwichbrot-Teigmischung, Pfannkuchen-Teigmischung

Produkte von NUCO
https://shop.nucoconut.com/
Ich esse die Wraps von NUCO fast jeden Tag. Sie sind sehr praktisch und schmecken fantastisch!
[Anm. d. Red.: Alternative für Deutschland zum Beispiel: https://unvertraeglichkeitsladen.de/]

JA
Kokos-Wraps, Original- und Knoblauch-Kokosöl

VIELLEICHT
Kokosnuss-Knuspermüsli, Zitronenmelisse-Kokosöl

NEIN
Kokos-Essig (fermentiert)

GEWÜRZE

Wenn Sie getrocknete Gewürze verwenden, achten Sie darauf, dass sie nicht auf der Verbotsliste stehen (wie Zimt, Anis, Currypulver, scharfer Paprika und Muskatnuss). Es gibt zwei Gewürzmarken, die ich liebe und denen ich vertraue:

Primal Palate Organic
https://www.primalpalate.com/organic-spices.
Ich mag jedes einzelne ihrer Gewürze und vertraue darauf, dass sie aus einer guten

Quelle stammen.
[Anm. d. Red.: Alternative Bezugsquelle für deutsche Kunden zum Beispiel: https://histaminikus.de/collections/gewuerze-bio]

Balanced Bites Spaces
https://shop.balancedbites.com/collections/spices
Sie haben ein fantastisches Bagel-Gewürz, das hervorragend zu der Bagel-Mischung von Legit Bread passt.

TRACKING-TOOLS

Ich arbeite gerne mit Tracking-Tools, weil sie eine super Möglichkeit sind, bestimmte Entscheidungen bezüglich der Ernährung und des Lebensstils, die Ihre Symptome verschlimmern können, zu erkennen. Hier sind einige meiner bevorzugten Tracking-Tools:

- mySymptoms Food Diary: erhältlich bei iTunes für iOs-Geräte. [Anm. d. Red.: Apps auf deutscher Sprache zum Beispiel: Histamin, Fructose & Co. (kostenpflichtig), HITS DB - Histamin Intoleranz (gratis)]

Folgende App liefert Bewertungen und Kommentare zu 700 verschiedenen Lebensmitteln:

- Lebensmittelunverträglichkeiten: http://www.baliza.de/en/apps/histamine.html

STRESS-MANAGEMENT

Bei einer Histaminintoleranz ist es wichtig, sein Stressniveau zu kontrollieren, denn wie wir gesehen haben, kann ein hohes Stressniveau ein auslösender Faktor sein. Einfache Praktiken wie Meditation und Visualisierungstechniken sind in der Lage, dazu beizutragen, Ihr Stressniveau deutlich zu senken. Es geht nicht nur Ihnen so, wenn Sie meinen, dass Meditation nichts für Sie ist und dass es keine Möglichkeit gibt, Ihr Leben zu verändern. Aber bedenken Sie Folgendes: Studien haben nachgewiesen, dass Meditation tatsächlich die Struktur und Funktion Ihres Gehirns nachhaltig beeinflussen kann.

Probieren Sie die Übung auf Seite 177 an 30 aufeinanderfolgenden Tagen aus. Suchen Sie sich morgens für 10 Minuten ein ruhiges Plätzchen und hören Sie sich über eine Meditations-App oder eine andere Plattform einen geführten Meditationstrack an.

Machen Sie das Gleiche dann am Nachmittag oder frühen Abend, wobei Sie sich diesmal durch eine positive Visualisierung leiten lassen.

FAQS

1. WIE WIRKT SICH HISTAMIN AUF DAS GEHIRN AUS?

Eine Histaminintoleranz kann die Gesundheit des Gehirns stärker beeinträchtigen, als Sie denken. Sie wird sogar mit dem Tourette-Syndrom in Verbindung gebracht – einer Erkrankung, die durch Ticks in Form von unwillkürlichen Bewegungen und Lautäußerungen gekennzeichnet ist. Fast die Hälfte der Betroffenen leidet auch an einer Begleiterkrankung wie ADHS oder Zwangsstörungen.

Man geht davon aus, dass das Tourette-Syndrom genetisch bedingt ist. Eine im *New England Journal of Medicine* veröffentlichte Studie von Dr. Matthew State hat eine Genmutation mit dem Tourette-

Syndrom in Verbindung gebracht. In der Studie wurde eine Familie untersucht, in der der Vater unter dem Tourette-Syndrom und einer Zwangsstörung litt. Alle seine acht Kinder hatten ebenfalls das Tourette-Syndrom, zwei von ihnen auch eine Zwangsstörung. Dr. State stellte fest, dass alle Familienmitglieder, die an diesen Krankheiten litten, eine Genmutation der Histidin-Decarboxylase (HDC) aufwiesen. Dieses Gen kodiert ein Enzym, das für die Histaminproduktion benötigt wird. Wenn die HDC-Mutation vorhanden ist, verringert sie die Aktivität dieses spezifischen Enzyms.

Beachten Sie jedoch, dass nicht jeder, bei dem diese Genmutation vorliegt, an dem Tourette-Syndrom erkrankt ist. Tatsächlich fanden die Forscher diese Mutation bei 700 anderen Menschen nicht, die das Tourette-Syndrom hatten. Dennoch ist die Studie sehr interessant, da sie möglicherweise zeigt, wie Histamin im Gehirn funktioniert.

Studien haben auch ergeben, dass Mäuse, denen das HDC-Gen fehlt, ebenfalls zu repetitiven Verhaltensweisen neigen, ähnlich den Ticks, die beim Tourette-Syndrom auftreten. Nachdem ihnen Medikamente verabreicht wurden, die auf Histaminrezeptoren im Gehirn wirken, wurde bei diesen Mäusen eine Besserung festgestellt. Histamin und Dopamin stehen ebenfalls in Wechselwirkung zueinander, wobei letzteres auch häufig in Medikamenten verwendet wird, die die Symptome des Tourette-Syndroms lindern.

Je länger sich die Forscher mit dem Tourette-Syndrom befassen, desto mehr deutet darauf hin, dass Histamin eine recht bedeutende Rolle bei dieser Erkrankung spielen könnte. Die untersuchte Familie ist immer noch Teil der Forschung, die sich mit der Rolle von Histamin beim Tourette-Syndrom beschäftigt. Auch die genetische Forschung zu dieser Krankheit schreitet weiter voran.

Es hat sich gezeigt, dass ein hoher Histamingehalt im Gehirn ebenso zu Problemen bei der Freisetzung bestimmter Neurotransmitter wie Serotonin, Dopamin und Noradrenalin führt. Wenn der Histaminspiegel zu hoch ist, kann es zu einer Überreizung kommen, sodass man sich unausgeglichen fühlt.

2. GIBT ES EINEN ZUSAMMENHANG ZWISCHEN DEPRESSIONEN UND HISTAMININTOLERANZ?

Ja, den gibt es. Wenn der Histaminspiegel im Körper erhöht ist, kann dies Depressionen und sogar Zwangsstörungen zur Folge haben. Jede Veränderung in der Biochemie ist in der Lage, zu Schwankungen der psychischen Gesundheit zu führen. Wenn Sie daran arbeiten, Ihren Histaminspiegel unter Kontrolle zu bringen, fühlen Sie sich sowohl körperlich als auch geistig besser.

3. GIBT ES ÄRZTE, DIE SICH AUF DAS MASTZELLAKTIVIERUNGS-SYNDROM SPEZIALISIERT HABEN?

Ja. In den USA kann ich folgende Ärzte empfehlen:

- Dr. Jill Carnahan: https://www.jillcarnahan.com/
- Dr. Lawrence B. Afrin: http://mastcellresearch.com/
- Dr. T.C. Theoharides: http://www.mastcellmaster.com/

[Anm. d. Red.: Auf dieser Webseite finden Sie eine nach Postleitzahlen sortierte Liste mit Ärzten in Deutschland, welche sich auf das Syndrom spezialisiert haben: www.mastzellenhilfe.de/adressen-aerzte-mcas.]

VISUALISIERUNGSÜBUNG, UM NAHRUNGS-MITTELREAKTIONEN ZU REDUZIEREN

1. Suchen Sie sich eine bequeme Position, zum Beispiel auf einem Stuhl sitzend oder auf dem Rücken liegend. Legen Sie Ihre Hände seitlich ab und schließen Sie die Augen.
2. Atmen Sie tief ein und lassen Sie die Luft mit einem Seufzer ausströmen. Lassen Sie Ihren Körper völlig entspannen und spüren Sie, wie der Stress mit dem Atmen von Ihnen abfällt.
3. Konzentrieren Sie sich darauf, wie sich Ihr Körper in diesem Moment anfühlt; nehmen Sie wahr, wo Ihr Körper angespannt ist und entspannen Sie diese Bereiche mit jedem Atemzug.
4. Dann spannen Sie die Muskeln in diesen Bereichen für einige Sekunden an. Halten Sie die Spannung und entspannen Sie. Wiederholen Sie diesen Vorgang ein paar Mal.
5. Wenn irgendwelche Angstgefühle aufkommen, lassen Sie sie zu und seien Sie freundlich und unterstützend zu sich selbst, während Sie Ihr Angstgefühl beobachten. Seien Sie sich bewusst, dass Sie das Unbehagen hinter sich lassen werden und Sie sich zunehmend besser und ruhiger fühlen werden.
6. Erlauben Sie Ihrem Geist, ruhig und entspannt zu werden. Spüren Sie, wie sich alles beruhigt. Ihr Verstand, Ihr Körper und Ihr Geist können sich entspannen.
7. Konzentrieren Sie sich nun auf die Vorstellung, wie Ihr Körper mit Freude Nahrung aufnimmt. Spüren Sie das Gute in Ihrer Nahrung, die Vitamine, Mineralien und Energie. Lassen Sie die angenehmen Gefühle auf sich wirken.
8. Bewegen Sie nach ein paar Minuten oder so lange Sie möchten Ihre Finger und Zehen, um Ihre Glieder aufzuwecken. Strecken Sie sich, wenn Sie möchten. Öffnen Sie die Augen.
9. Nehmen Sie sich einen Moment Zeit, um ruhig zu sitzen und sich neu auf Ihre Umgebung einzustellen, und gehen Sie dann Ihren normalen Tätigkeiten nach.

Die besten Ergebnisse erzielen Sie, wenn Sie sich zu Beginn der 30 Tage ein paar Notizen darüber machen, wie Sie sich fühlen. Sind Sie gestresst? Wenn ja, wie gestresst sind Sie auf einer Skala von 1 bis 10? Führen Sie die Übung am Ende des Experiments erneut durch. Sie werden über die Ergebnisse erstaunt sein, und ich garantiere Ihnen, dass Sie sich auch über die wahrnehmbaren körperlichen Verbesserungen freuen werden.

LITERATURHINWEISE UND INTERNETQUELLEN

KAPITEL 1

Ballantyne, S. (Die Paleo-Mama). „Did you know that histamine intolerance might mean your thyroid is out of whack? Both hypothyroidism and hyperthyroidism affect histamine." Facebook-Post, 19. Februar 2014. https://www.facebook.com/thepaleomom/posts/did-you-know-that-histamine-intolerance-might-mean-your-thyroid-is-out-of whack-/828092583881939.

Chikahisa, S., T. Kodama, A. Soya, Y. Sagawa, Y. Ishimaru, H. Séi und S. Nishino. „Histamine from Brain Resident MAST Cells Promotes Wakefulness and Modulates Behavioral States." *PLoS One* 8, Nr. 10 (Oktober 2018). https://doi.org/10.1371/journal.pone.0078434.

Christ, P., A.S. Sowa, O. Froy und A. Lorentz. „The Circadian Clock Drives Mast Cell Functions in Allergic Reactions". *Frontiers in Immunology* 9, Artikel 1526 (Juli 2018). https://doi.org/10.3389/fimmu.2018.01526.

Davidson, R.J., und A. Lutz. „Buddha's Brain: Neuroplasticity and Meditation." *IEEE* Signal Processing Magazine 25, Nr. 1 (Januar 2008): 174–176. https://www.ncbi.nlm.nih.gov/pmc/articles/PMC2944261.

„HER-Stamin? The Link Between Histamine and Estrogen." MTHFR Support Australia. https://www.mthfrsupport. com.au/her-stamine-the-link-between-histamine-and-estrogen.

„Immunglobulin E (IgE) Definition." American Academy of Allergy Asthma and Immunology. https://www.aaaai.org/conditions-and-treatments/conditions-dictionary/immunoglobulin-e-(ige).

Jockers, D. „Are You Suffering from Histamine Intolerance?" DrJockers.com. https://drjockers.com/suffering histamine-intolerance.

Kresser, C. „RHR: What You Should Know about Histamine Intolerance." Chris Kresser. 28. November 2014. https://chriskresser. com/what-you-should-know-about-histamine-intolerance.

Lam, M., und J. Lam. „Histamine Levels and Adrenal Fatigue Syndrome—Part 2." Dr. Lam Coaching. https://www.drlam.com/blog/histamine-levels/5906.

Maintz, L., und N. Novak. „Histamine and Histamine Intolerance." *American Journal of Clinical Nutrition* 85, Nr. 1 (Mai 2007): 1185–1196. https://doi.org/10.1093/ajcn/85.5.1185.

Meskanen, K., H. Ekelund, J. Laitinen, P.J. Neuvonen, J. Haukka, P. Panula und J. Ekelund. „ Randomized Clinical Trial of Histamine 2 Receptor Antagonism in Treatment-Resistant Schizophrenia". *Journal of Clinical Psychopharmacology* 33, no. 4 (August 2013): 472–478. https://www.ncbi.nlm.nih.govpubmed/23764683.

Muñoz-Cruz, S., Y. Mendoza-Rodríguez, K.E. Nava-Castro, L. Yepez-Mulia und J. Morales-Montor. „Gender-Related Effects of Sex Steroids on Histamine Release and FcεRI Expression in Rat Peritoneal Mast Cells". *Journal of Immunology Research*, article-ID 351829 (Februar 2015): 10 Seiten. http://dx.doi.org/10.1155/2015/351829.

Myers, A. „Everything You Need to Know about Histamine Intolerance." Amy Myers MD. https://www.amymyersmd.com/2017/10/everything-you-need-to-know-about-histamine-intolerance.

Nautiyal, K.M., A.C. Ribeiro, D.W. Pfaff und R. Silver. „Brain Mast Cells Link the Immune System to Anxiety-Like Behavior". *Proceedings of the National Academy of Sciences of the United States of America* 105, Nr. 46 (November 2008): 18053–18057. https://doi.org/10.1073/pnas.0809479105.

„Relaxation for Dealing with Food Sensitivities." Inner Health Studio. https://www.innerhealthstudio.com/food-sensitivities.html.

Schneider. E., M. Leite-de-moraes und M. Dy. „Histamine, Immune Cells and Autoimmunity". *Advances in Experimental Medicine and Biology* 709 (2010): 81–94. https://www.ncbi.nlm.nih.gov/pubmed/21618890.

Weinshilboum, R.M., D.M. Otterness und C.L. Szumlanski. „Methylation Pharmacogenetics Catechol-O Methyltransferase Thiopurine Methyltransferase, and Histamine N-Methyl-transferase." *Annual Review of Pharmacology and Toxicology* 19 (April 1999): 19–52. https://doi.org/10.1146/annurev.pharmtox.39.1.19.

„What Are Histamines?" WebMD. https://www.webmd.com/allergies/what-are-histamines#1.

Zierau, O., A.C. Zenclussen und F. Jensen. „Role of Female Sex Hormones, Estradiol and Progesterone, in Mast Cell Behavior." *Frontiers in Immunology* 3, Artikel 169 (Juni 2012). https://doi.org/10.3389/fimmu.2012.00169.

KAPITEL 2

Afrin, L.B., S. Self, J. Menk und J. Lazarchick. „Characterization of Mast Cell Activation Syndrome". *American Journal of the Medical Sciences* 353, Nr. 3 (März 2017): 207–215. https://doi.org/10.1016/ j.amjms.2016.12.013.

Alexander, A. „Mast Cell Activation Disease vs. Histamine Intolerance (Differences)." Alvin Alexander (blog). Update vom 6. Februar 2019. https://alvinalexander.com/personal/differences-mast-cell-activation-disease-vs-histamine-intolerance.

Alexander, B.J., B.N. Ames, S.M. Baker und P. Bennet. *Textbook of Functional Medicine*. Edited by D.S. Jones und S. Quinn. Washington, DC: The Institute for Functional Medicine, 2010: 3–66.

Atherton, J.C., und M.J. Blaser. „Coadaptation of *Helicobacter pylori* and Humans: Ancient History, Modern Implications." *Journal of Clinical Investigation* 119, Nr. 9 (September 2009): 2475–2487. https://doi.org/10.1172 JCI38605.

Axe, J. „9 Candida Symptoms and 3 Steps to Treat Them." Dr. Axe. 26. Januar 2019. https://draxe.com/candida-symptoms.

Basso D., F. Navaglia, L. Brigato, F. Di Mario, M. Rugge und M. Plebani. „*Helicobacter pylori* Non-Cytotoxic Genotype Enhances Mucosal Gastrin and Mast Cell Tryptase." *Journal of Clinical Pathology* 52 (März 1999): 210–214. https://jcp.bmj.com/content/jclinpath/52/3/210.full.pdf.

Buric, I., M. Farias, J. Jong, C. Mee und I.A. Brazil. „What Is the Molecular Signature of Mind-Body Interventions? A Systematic Review of Gene Expression Changes Induced by Meditation and Related Practices." *Frontiers in Immunology* 8, article 670 (Juni 2017). https://doi.org/10.3389/fimmu.2017.00670.

Burkhart, A. „Histamine Intolerance: Could It Be Causing Your Symptoms?" Dr. Amy Burkhart. http://theceliacmd.com/2014/03/histamine-intolerance-causing-symptoms.

„Diagnosis and Treatment of MCAS (Mast Cell Activation Syndrome)." InHealth RVA. 17. April 2018. https://www.integrativehealthrichmond.org/single-post/2018/04/17/Diagnosis-and-Treatment-of-MCAS-Mast-Cell-Activation-Syndrome-aka-everything-I-take-do-or-am-exposed-to-makes-me-feel-horrible.

Figura, N., A. Perrone, C. Gennari, G. Orlandini, L. Bianciardi, R. Giannace et al. „Food Allergy and Helicobacter pylori Infection." *Italian Journal of Gastroenterology and Hepatology* 31, Nr. 3 (April 1999): 186–191. https://www.ncbi.nlm.nih.gov/pubmed/10379477.

Guthrie, C. „How to Heal a Leaky Gut." *Experience Life magazine*. März 2015. https://experiencelife.com/article/how-to-heal-a-leaky-gut.

„*Helicobacter pylori (H. pylori)* Infection." Mayo Clinic. 17. Mai 2017. https://www.mayoclinic.org/diseases-conditions/h-pylori/symptoms-causes/syc-20356171.

Joneja, J. „Histamine and Mast Cell Activation Disorder." Foods Matter. https://www.histamine-sensitivity.com/histamine-mastocytosis-joneja-05-15.html.

Kihara, T., S. Biro, Y. Ikeda, T. Fukudome, T. Shinsato, A. Masuda et al. „Effects of Repeated Sauna Treatment on Ventricular Arrhythmias in Patients with Chronic Heart Failure." *Circulation Journal* 68, Nr. 12 (Dezember 2004): 1146–1151. https://www.ncbi.nlm.nih.gov/pubmed/15564698.

Kresser, C. „RHR: Candida — Hidden Epidemic or Fad Diagnosis?“ Chris Kresser. 26. September 2017. https://chriskresser.com/candida-hidden-epidemic-or-fad-diagnosis.

———. „RHR: How to Tell If You Have a Leaky Gut.“ Chris Kresser. 1. September 2016. https://chriskresser.com/how-to-tell-if-you-have-a-leaky-gut.

———. „Still Think Gluten Sensitivity Isn't Real?“ Chris Kresser. 23. August 2016. https://chriskresser.com/still-think-gluten-sensitivity-isnt-real.

Lunger, C. „The Real Truth about *H. pylori*: Allergies, Autoimmune, and Adrenal Fatigue.“ Gutsy (blog). 5. Mai 2013. http://www.mygutsy.com/is-h-pylori-the-cause-of-allergies-brain-fog-hypothyroid-autoimmune-disorders-adrenal-fatigue.

Lynch, B. „Does SIBO Affect Histamine Intolerance and DAO?“ Dr. Ben Lynch. https://www.drbenlynch.com/sibo-histamine.

———. „Histamine Intolerance, MTHFR and Methylation.“ MTHRF.net. 11. Juni 2015. http://mthfr.net/histamine-intolerance-mthfr-and methylation/2015/06/11.

Ma, Z.F., N.A. Majid, Y. Yamaoka und Y.Y. Lee. „Food Allergy and *Helicobacter pylori* Infection: A Systematic Review.“ *Frontiers in Microbiology* 7, article 368 (März 2016). https://doi.org/10.3389/fmicb.2016.00368.

Malfertheiner, P., F. Megraud, C.A. O'Morain, J.P. Gisbert, E.J. Kuipers, A.T. Axon et al. „Management of *Helicobacter pylori* Infection—The Maastricht V/Florence Consensus Report.“ *Gut* 66 (2017): 6–30. https://www.ncbi.nlm.nih.gov/pubmed/27707777.

Masuda, A., Y. Koga, M. Hattanmaru, S. Minagoe und C. Tei. „The Effects of Repeated Thermal Therapy for Patients with Chronic Pain.“ *Psychotherapy and Psychosomatics* 74, Nr. 5 (2005): 288–294. https://doi.org/10.1159/000086319.

Mercola, J. „17 Micrograms of Lead in Your Body Lowers Your IQ by 10 Points.“ Mercola. 21. März 2012. https://articles.mercola.com/sites/articles/archive/2012/03/21/dr-clement-on-detoxification.aspx.

Merizalde, K. „Histamine Intolerance and Its Relationship to Minerals.“ Sassy Holistics. 24. März 2016. https://www.sassyholistics.com/2016/03/24/histamine-intolerance.

Sears, M.E., K.J. Kerr, und R.I. Bray. „Arsenic, Cadmium, Lead, and Mercury in Sweat: A Systematic Review.“ *Journal of Environmental and Public Health* 2012, article ID 184745 (Februar 2012): 10 Seiten. http://dx.doi.org/10.1155/2012/184745.

Seneviratne, S.L., A. Maitland und L. Afrin. „Mast Cell Disorders in Ehlers-Danlos Syndrome.“ *American Journal of Medical Genetics* Part C: Seminars in Medical Genetics 175, no. 1 (März 2017): 226–236. https://doi.org/10.1002/ajmg.c.31555.

„Systemic Mastocytosis.“ National Center for Advancing Translational Sciences, Genetic and Rare Diseases Information Center. https://rarediseases.info.nih.gov/diseases/8616/systemic-mastocytosis.

„Ulcerative Colitis.“ Mayo Clinic. 8. März 2018. https://www.mayoclinic.org/diseases-conditions/ulcerative-colitis/symptoms-causes/syc-20353326.

„What Is Crohn's Disease?“ Crohn's and Colitis Foundation. http://www.crohnscolitisfoundation.org/what-are-crohns-and-colitis/what-is-crohns-disease.

Ykelenstam, Y. „Are You Allergic to Candida?“ Healing Histamine. https://healinghistamine.com/are-you-allergic-to-candida.

KAPITEL 3

„Cleaning Supplies and Household Chemicals.“ American Lung Association. http://www.lung.org/our-initiatives/healthy-air/indoor/indoor-air-pollutants/cleaning-supplies-household-chem.html.

Larsen, B. „Allergies and the Bucket Theory of Toxicity.“ Dr. Brant Larsen. http://drlarsen.com/allergies-and-the-bucket-theory-of-toxicity.

KAPITEL 4

„Food Compatibility List.“ Swiss Interest Group Histamine Intolerance. https://www.mastzellaktivierung.info/downloads/foodlist 21_FoodList_EN_alphabetic_withCateg.pdf.

Levy, J. „Quercetin: 8 Proven Benefits of This Antioxidant (#1 Is Incredible)." Dr. Axe. 8. Oktober 2018. https://draxe.com/quercetin.

„SIGHI-Leaflet Histamine Elimination Diet: Simplified Histamine Elimination Diet for Histamine Intolerance (DAO Degradation Disorder)." Swiss Interest Group Histamine Intolerance (SIGHI). 7. Juli 2017. https://www.histaminintoleranz.ch/downloads/SIGHI-Leaflet_HistamineEliminationDiet.pdf.

Ykelenstam, Y. „How to Naturally Boost Production of the Histamine Degrading DAO Enzyme." Healing Histamine. https://healinghistamine.com/how-to-naturally-boost-production-of-the-histamine-degrading-dao-enzyme.

KAPITEL 5

„5 Health Benefits of Cauliflower." P. Allen Smith Garden Home. 13. September 2017. https://pallensmith.com/2017/09/13/health-benefits-cauliflower.

„16 Natural Antihistamine Foods (Plus Benefits!)" Prana Thrive. https://pranathrive.com/natural-antihistamine-foods.

Banerjee, M., und P. K. Sarkar. „Inhibitory Effect of Garlic on Bacterial Pathogens from Spices." *World Journal of Microbiology and Biotechnology* 19, Nr. 6 (August 2003): 565–569. https://doi.org/10.1023/A:1025108116389.

Barrington, R. „Cabbage, Glutamine and the Gut." RdB Nutrition (blog). 2. Mai 2015. http://www.robertbarington.net/cabbage-glutamine-gut/.

„Cassava: Benefits and Dangers." Healthline. 24. März 2017. https://www.healthline.com/nutritioncassava#section1.

Cownley, S. „Top 20 Antihistamine Foods That Help Fight Inflammation." Foods for Better Health. https://www.foodsforbetterhealth.com/top-20-antihistamine-foods-that-help-fight inflammation-28555.

Donelson, H. „Antihistamine Juice." Happy Tummies Digestive Health and Nutrition Balancing. 23. März 2016. https://happytummies-digest.com/2016/03/23/antihistamine-juice.

Forberg, C. „5 Powerful Health Benefits of Asparagus You Probably Didn't Know." EatingWell. http://www.eatingwell.com/article/17129/5-powerful-health-benefits-of-asparagus-you-probably-didnt-know.

Hensley, L. „Tiger Nuts: What Are They, and Are They Good for You?" Global News. 25. September 2018. https://globalnews.ca/news/4480574/tiger-nuts.

Jockers, D. „Are You Suffering from Histamine Intolerance?" DrJockers.com. https://drjockers.com/suffering-histamine-intolerance.

Julia, Fp. „The Benefits of Purple Foods." BLDG 25. 14. März 2013. https://blog.freepeople.com/2013/03/benefits-purple-foods.

Link, R. „8 Surprising Health Benefits of Cloves." Healthline. 26. August 2017. https://www.healthline.com/nutrition/benefits-of-cloves#section5.

Link, R. „Chia Seeds Benefits: The Omega-3, Protein-Packed Superfood." Dr. Axe. 24. Januar 2019. https://draxe.com/chia-seeds-benefits-side-effects.

Link, R. „Top 7 Benefits of Blueberries." Dr. Axe. 30. April 2018. https://draxe.com/health-benefits-blueberries.

Philpott, V. „Are There Foods That Act as Antihistamines?" LIVESTRONG. https://www.livestrong.com/article/134112-foods-that-act-as-antihistamine.

„Quercetin, A Natural Antihistamine." BioXtract. http://www.bioxtract.com/plant-based-actives/quercetin/index.html.

Scully, E. „Histamine and Anti-Histamine Foods." A Lust for Life. https://www.alustforlife.com/physical-health/nutrition-physical-health/histamine-and-anti-histamine-foods.

Sivaram, S. „Reasons Why You Should Never Eat Corn Again." Boldsky. 30. Januar 2017. https://www.boldsky.com/health/wellness/2017/reasons-why-you-should-never-eat-corn-again/articlecontent-pf145886-110563.html.

Vickery, A. „21 Anti-Histamine Foods That Fight Inflammation and Stabilise Mast-Cells." Alison Vickery. 23. September 2014. http://alisonvickery.com.au/anti-histamine-foods.

Ware, M. „What Are the Benefits of Chia Seeds?“ Medical News Today. Update vom 12. November 2018. https://www.medicalnewstoday.com/articles/291334.php.

———. „Why Is Fennel Good for You?“ Medical News Today. Update vom 23. August 2018. https://www.medicalnewstoday.com/articles/284096.php.

„What Is Jicama (Yambean) Good For?“ Food Facts Presented by Mercola. 25. Oktober 2016. https://foodfacts.mercola.com/jicama.html.

Ykelenstam, Y. „7 Best Foods for Histamine Intolerance.“ Healing Histamine. https://healinghistamine.com/7-best-foods-for-histamine-intolerance.

ANHANG

Bryan, L. „5 Things You Need to Know About Cassava Flour.“ Downshiftology. 7. Juli 2017. https://downshiftology.com/5-things-you-need-to-know-about-cassava-flour.

Carnahan, J. „Mast Cell Activation Syndrome (MCAS): When Histamine Goes Haywire.“ Dr. Jill Carnahan. 31. Oktober 2016. https://www.jillcarnahan.com/2016/10/31/mast-cell-activation-syndrome-mcas-when histamine-goes-haywire.

———. „Mold Is a Major Trigger of Mast Activation Cell Syndrome.“ Dr. Jill Carnahan. 18. März 2018. https://www.jillcarnahan.com/2018/03/12/mold-is-a-major-trigger-of-mast-activation-cell-syndrome.

Ferreria, C. G. T., M. G. Campos, D. M. Felix, M. R. Santos, O. V. de Carvalho, M. A. N. Diaz et al. „Evaluation of the Antiviral Activities of *Bacharis dracunculifolia* and Quercetin on *Equid herpesvirus* 1 in a Murine Model.“ *Research in Veterinary Science* 120 (Oktober 2018): 70–77. https://doi.org/10.1016/j.rvsc.2018.09.001.

Harris, J. „What Is Tigernut Flour?“ *Gluten-Free Living*. 3. September 2015. https://www.glutenfreeliving.com/blog/what-is-tigernut-flour.

McGruther, J. „Coconut Flour: Baking Tips, Substitutions and Recipes.“ Nourished Kitchen (blog). https://nourishedkitchen.com/baking-with-coconut-flour.

Price, A. „Coconut Flour Nutrition: The Gluten-Free Flour Substitute That Boosts Health.“ Dr. Axe. 5. Februar 2019. https://draxe.com/coconut-flour-nutrition.

Rahm, D. H. „Bromelain and Quercetin: Balance the Natural Inflammatory Response.“ VitaMedica. 4. Dezember 2012. https://vitamedica.com/wellness-blog/bromelain-and-quercetin-natural-anti-inflammatory supplements.

Roscheck Jr., B., R. C. Fink, M. McMichael und R. S. Alberte. „Nettle Extract (Urtica dioica) Affects Key Receptors and Enzymes Associated with Allergic Rhinitis.“ *Phytotherapy Research* 23, Nr. 7 (Juli 2009): 920–926. https://doi.org/10.1002/ptr.2763.

Safaralizadeh, R., M. Nourizadeh, A. Zare, G. A. Kardar und Z. Pourpak. „Influence of Selenium on Mast Cell Mediator Release.“ *Biological Trace Element Research* 154, Nr. 2 (August 2013): 299–303. https://doi.org/10.1007/s12011-013-9712-x.

„The Ultimate Guide to Coconut Flour vs Almond Flour.“ Ditch the Carbs. https://www.ditchthecarbs.com/ultimate-guide-coconut-flour-vs-almond-flour.

Ykelenstam, Y. „Parasites Trigger Mast Cell Histamine Release.“ Healing Histamine. https://healinghistamine.com/parasites-trigger-mast-cell-histamine-release.

———. „These Probiotics Lower Histamine (Rather Than Raising It).“ Healing Histamine. https://healinghistamine.com/these-probiotic-strains-lower-histamine-rather-than-raising-it.

DANKSAGUNGEN

AN MEINE LESERINNEN UND LESER

Danke, dass Sie mir Ihr Vertrauen geschenkt haben, Ihnen bei Ihrer gesundheitlichen Entwicklung zu helfen. Ihre Geschichten inspirieren mich zu dem, was ich tue, und ich bin so dankbar, dass ich Ihnen bei Ihrer Genesung helfen kann. Ich werde mich weiterhin bemühen, mehr zu lernen und dies weiterzugeben, damit ich möglichst vielen von Ihnen helfen kann.

AN MEINE FAMILIE

Jake, Levi und Liam, ihr seid die wunderbaren Jungs, die mich motivieren, jeden Tag das Beste aus mir herauszuholen. Ihr seid meine größten Unterstützer und ohne euch könnte ich nicht einmal die Hälfte von dem tun, was ich tue. Ich liebe euch!

An meine Mutter Nannette, du bist die stärkste Person, die ich kenne, und du hast mir so viel beigebracht. Danke, dass du an mich glaubst und mir hilfst, damit ich all die Dinge tun kann, die ich tue. Du bist der Grund dafür, dass ich die nötige Zeit aufbringen konnte, diese Bücher zu schreiben.

Meiner Schwester Naomi und meinem Vater Steve danke ich dafür, dass ihr mir die schönen Seiten des Lebens zeigt und mich daran erinnert, dass ich mir Zeit nehmen muss, um zu lachen und Spaß zu haben. Ich liebe euch!

AN MEINE FREUNDE

Lynn Whitefall, du bist meine beste Freundin, und ich bin der glücklichste Mensch der Welt, Teil deines Lebens zu sein. Du bringst mich jeden Tag zum Lachen und bist immer da, wenn ich dich brauche. Ich liebe dich so sehr!

Jennifer Robins, danke, dass du dir die Zeit genommen hast, mir zu helfen, als ich nicht wusste, wo mir der Kopf stand, und dass du dabei eine meiner besten Freundinnen geworden bist. Du bist ein so großzügiger Mensch und ich werde dir immer dankbar sein.

Brittney Bradway, vielen Dank für alles, was du für die Marke Dr. Becky Campbell und auch sonst für mich tust. Dein Engagement für mich und die Patienten in unserer Praxis ist unglaublich, und ich könnte das alles nicht ohne deine Unterstützung tun. Vielen Dank auch dafür, dass du eine wunderbare Freundin bist.

AN MEIN VERLAGSTEAM

Danke, Marissa und Will, dass ihr mir eine Chance gegeben habt, als mich noch keiner kannte, und dass ihr mir ermöglicht habt, meine Vision zu verwirklichen und sie auf diesen Seiten genau so darzustellen, wie ich es mir ausgemalt habe. Ihr und der Rest des Teams von Page Street – Karen, Meg, Nichole, Jill – seid fantastisch. Ich danke euch sehr!

Libby Volgyes, vielen Dank, dass du dieses Buch noch schöner gemacht hast, als ich es mir vorgestellt habe. Du bist wirklich fantastisch.

ÜBER DIE **AUTORIN**

DR. BECKY CAMPBELL ist eine zertifizierte Ärztin für Naturheilkunde, die selbst Patientin war, als sie die funktionelle Medizin kennenlernte. Sie kämpfte mit vielen der Probleme, mit denen ihre jetzigen Patienten zu kämpfen haben, und sie hat es sich zur Aufgabe gemacht, Patienten auf der ganzen Welt mit ihrer virtuellen Praxis im Internet zu helfen. Dr. Becky Campbell ist die Gründerin von DrBeckyCampbell.com und Autorin von *The 30-Day Thyroid Reset Plan*. Sie wurde in mehreren Online-Publikationen wie Mindbodygreen, Bustle, PopSugar und anderen vorgestellt. Als Expertin für Schilddrüsengesundheit und Histaminintoleranz war sie bereits Gast in vielen Podcasts. Dr. Campbell hat sich auf Schilddrüsenerkrankungen, Autoimmunerkrankungen und Histaminintoleranz spezialisiert und hofft, anderen dabei zu helfen, ihr Leben zurückzuerobern, so wie die funktionelle Medizin ihr geholfen hat, ihres zurückzubekommen.

MIT MIR **ZUSAMMENARBEITEN**

Sind Sie bereit, die erforderlichen Tests zu machen und einen speziell für Sie entwickelten Behandlungsplan zu beginnen? Viele Klienten kommen zu mir, wenn sie den Ursachen ihrer Beschwerden auf den Grund gehen wollen. Hier sind einige weitere Gründe, warum sich Patienten für eine Zusammenarbeit mit einem Arzt für funktionelle Medizin entscheiden:

- Sie wollen nicht für den Rest ihres Lebens auf unnötige Medikamente und medizinische Eingriffe angewiesen sein.
- Sie sind daran interessiert, die Ursache ihrer Probleme zu ergründen, anstatt nur die Symptome zu behandeln.
- Sie sind motiviert, eine aktive Rolle in ihrem eigenen Heilungsprozess zu spielen.
- Sie sind bereit, die notwendigen Veränderungen in ihrer Ernährung und Lebensweise vorzunehmen, um ihre Gesundheit und ihr Wohlbefinden zu fördern.

MEINE ARBEIT MIT DEN PATIENTEN

Funktionelle Mediziner kann man sich als Gesundheitsdetektive vorstellen. Wir konzentrieren uns darauf, die zugrunde liegende Ursache einer Krankheit zu ermitteln und zu bekämpfen, anstatt nur die Symptome zu unterdrücken.

Wie alle Detektive verwenden wir bei unseren Ermittlungen eine Vielzahl von Instrumenten, darunter detaillierte Fragebögen, eine gründliche Anamnese und Untersuchung sowie umfassende Labortests (Blut-, Urin-, Stuhl-, Atem-, Haartests und mehr).

Anschließend setzen wir Ernährungstherapie, Kräutermedizin, Nahrungsergänzungsmittel, Stressbewältigung, Entgiftung, Änderung des Lebensstils und – in einigen Fällen und nur wenn nötig – verschreibungspflichtige Medikamente ein, um Trigger zu beseitigen und die richtige Funktionsweise und das Gleichgewicht wiederherzustellen.

Eine tiefgreifende und dauerhafte Heilung ist nur möglich, wenn man sich mit den Ursachen der Krankheit beschäftigt. Viele chronische Krankheiten lassen sich verhindern und sogar rückgängig machen, wenn man die entscheidenden Körpersysteme versteht, wie sie zusammenhängen und wie ihre Funktion wiederhergestellt werden kann.

WAS IST MEINE BEHANDLUNGSPHILOSOPHIE?

Ich praktiziere einen neuen medizinischen Ansatz, der manchmal als funktionelle oder systemische Medizin bezeichnet wird. Die funktionelle Medizin ist weder eine Schul- noch alternative Medizin. Sie ist eine Kombination der besten Elemente beider Richtungen, und sie stellt die Zukunft der Medizin dar.

AUF WELCHE KRANKHEITEN BIN ICH SPEZIALISIERT?

Ich habe besondere Erfahrung und Ausbildung in folgenden Bereichen:

- Histaminintoleranz
- Verdauungsprobleme und Nahrungsmittelunverträglichkeiten
- Schilddrüsenerkrankungen
- Schwache Immunfunktion, Allergien, Asthma
- Autoimmunkrankheiten
- Hormonstörungen (Nebennieren, Schilddrüse, Sexualhormone)
- Hoher Cholesterinspiegel
- Müdigkeit, Energielosigkeit, Schlafstörung
- Kognitive und neurologische Störungen

Wenn Sie bereit sind, sich auf den Weg zu machen, kontaktieren Sie mich in englischer Sprache unter https://DrBeckyCampbell.com.

STICHWORTVERZEICHNIS

D

E

F

G

H

I

J

K

WEITERE BEZUGSQUELLEN

Die meisten der im Buch erwähnten Produkte sind in gängigen Naturkostläden erhältlich. Sie können sie auch direkt über unseren Onlineshop www.narayana-verlag.de in der Kategorie „Naturkost" erhalten. Dort finden Sie ein großes Sortiment an ausgewählten Naturkostprodukten. Auch Nahrungsergänzungsmittel unserer Eigenmarke „Unimedica" und viele Superfoods sind dort erhältlich.

Michelle Hoover

DAS AUTOIMMUN-WOHLFÜHL-KOCHBUCH

ÜBER 100 LECKERE, NAHRHAFTE UND ALLERGENFREIE REZEPTE

208 Seiten, kart., € 24,80

Ob Hashimoto-Thyreoiditis, Multiple Sklerose, rheumatoide Arthritis, Psoriasis, Lupus, Allergien, Laktoseintoleranz oder andere Lebensmittelunverträglichkeiten – mit dem Diätplan des Autoimmunprotokolls (AIP) sind bereits bei unzähligen Menschen Heilerfolge verzeichnet worden, die mit Autoimmunerkrankungen zu kämpfen haben.

Autodidaktin und Autorin Michelle Hoover – mit Hashimoto-Thyreoiditis selbst Betroffene – hat einen Schatz an Rezepten geschaffen, mit denen Entzündungen im Körper reduziert und dessen natürliche Heilungsfähigkeit aktiviert werden. Durch die Auswahl nährstoffreicher, heilender Lebensmittel und das Weglassen entzündlicher Zutaten gemäß dem AIP ist es ihr gelungen, sich von ihren Symptomen zu befreien.

Das Motto ihrer genialen Kreationen ist einfach: Essen muss schmecken! So bietet ihr Autoimmun-Wohlfühl-Kochbuch über 100 genussvolle Rezepte frei von Gluten, Getreide, Eiern, Milchprodukten, Nachtschattengewächsen, Hülsenfrüchten, Samen und raffiniertem Zucker.

Joe Cross

REBOOT WITH JOE

DIE SAFTKUR

390 Seiten, geb., € 24,00

Joe Cross war stark übergewichtig, litt an einer Autoimmunkrankheit und war abhängig von Medikamenten. Eines Tages änderte er schlagartig seine Lebensweise, verzichtete auf Junkfood und begann mit einer 60 Tage langen Saftkur. Dadurch nahm er nicht nur ab, sondern konnte auch seine Medikamente absetzen und von Grund auf neu starten.

Durch den Dokumentarfilm „Fat, Sick & Nearly Dead" (Fett, Krank & Halbtot) wurde sein Reboot international bekannt und inspirierte Hunderttausende weltweit, es ihm gleichzutun.

In seinem New York Times Bestseller erklärt Joe Cross, wie man sein Leben einer Generalüberholung (Reboot) unterzieht. Es ist so einfach wie logisch: Saft ist ein flüssiges Nahrungsmittel, das den Körper mit einer Vielzahl an Vitaminen, Mineral- und Nährstoffen durchflutet. „Reboot with Joe" ist der beste Weg, überflüssige Pfunde zu verlieren und mehr Energie und geistige Klarheit zu erlangen.

Kristina Carrillo-Bucaram

THE FULLY RAW DIET

DER 21-TAGE-ROHKOST-PLAN FÜR IHRE GESUNDHEIT: MIT MENÜ- UND TRAININGSPLÄNEN, WERTVOLLEN TIPPS UND 75 REZEPTEN

296 Seiten, geb., € 26,00

Das Buch für alle, die gesünder Leben und sich grossartig fühlen wollen

KRISTINA CARRILLO-BUCARAMS zeigt, dass eine rohvegane Ernährung nicht nur gesund ist, sondern auch Spaß macht. Ihr 21-tägiges Programm für eine pflanzenbasierte und vitalisierende Ernährung umfasst detaillierte Menü- und Trainingspläne, die Sie in kürzester Zeit gesünder, fitter und energiegeladener werden lassen.

75 verlockende und leicht zubereitbare Rezepte wie Granatapfel-Salat mit Orangen-Basilikum-Dressing, Fully Raw Lasagne, Rohes Veganes Chili, Schokoladen-Pekan-Torte oder Kürbis-Gewürz-Brownies wecken die Lust auf Rohkost und machen Appetit auf mehr. Viele hilfreiche Tipps und Ratschläge helfen dabei, diese Ernährungsweise auch nach dem Programm dauerhaft beizubehalten.

Darüber hinaus gibt Kristina Carrillo-Bucaram kurze Einblicke in ihre persönliche Geschichte und die Gründe dafür, warum sie sich zu dieser Lebensweise entschlossen hat.

Michael Greger / Gene Stone

HOW NOT TO DIE

ENTDECKEN SIE NAHRUNGSMITTEL, DIE IHR LEBEN VERLÄNGERN UND BEWIESENERMASSEN KRANKHEITEN VORBEUGEN UND HEILEN

512 Seiten, geb., € 24,80

Bereits über 166.000 verkaufte Exemplare der Deutschen Ausgabe.

Die meisten aller frühzeitigen Todesfälle ließen sich verhindern – und zwar, so überraschend es klingen mag, durch einfache Änderungen der eigenen Lebens- und Ernährungsweise.

Dr. Michael Greger, international renommierter Arzt, Ernährungswissenschaftler und Gründer des Online-Informationsportals Nutritionfacts.org, lüftet in seinem weltweit außergewöhnlich erfolgreichen Bestseller das am besten gehütete Geheimnis der Medizin: Wenn die Grundbedingungen stimmen, kann sich der menschliche Körper selbst heilen.

In How Not To Die analysiert Greger die häufigsten 15 Todesursachen der westlichen Welt, zu denen z. B. Herzerkrankungen, Krebs, Diabetes, Bluthochdruck und Parkinson zählen, und erläutert auf Basis der neuesten wissenschaftlichen Forschungsergebnisse.

Elle Russ

PALEO FÜR DIE SCHILDDRÜSE

SO BESIEGEN SIE GEWICHTSPROBLEME UND MÜDIGKEIT, WENN IHRE ÄRZTE RATLOS SIND!

336 Seiten, kart., € 24,80

SCHILDDRÜSENUNTERFUNKTION UND IHRE URSACHEN IN NEUEM LICHT

200 Millionen weltweit leiden an einer Schilddrüsenstörung. Die meisten sind sich nicht bewusst, dass ihre gesundheitlichen Probleme darauf beruhen. So können Übergewicht, Depression, Bluthochdruck, hohe Cholesterinwerte, Typ-2-Diabetes, Herzkreislauferkrankungen, Osteoporose, Anämie oder Unfruchtbarkeit mit einer gestörten Funktion dieses Organs in Verbindung stehen.

Die Gesundheitsberaterin Elle Russ räumt auf mit veraltetem Wissen über die Schilddrüse. Sie hat selbst mehrere Jahre vergeblich unzählige Spezialisten aufgesucht, um Hilfe zu bekommen. An ihrem körperlichen und mentalen Tiefpunkt angekommen begab sie sich eigenständig auf die Suche, fand nach intensiven Selbstversuchen Heilung und wurde zu einer energievollen und sportlichen Frau.

Mit Paleo für die Schilddrüse bietet die Autorin einen in dieser Ausführlichkeit einmaligen Ratgeber über spezifische Schilddrüsen-Labordiagnostik, die selbst viele Ärzte so nicht kennen.

Dr. Emily Lipinski

DIE SCHILDDRÜSE NATÜRLICH HEILEN

EIN GANZHEITLICHER HEILUNGSPLAN FÜR EIN UNTERSCHÄTZTES ORGAN

354 Seiten, kart., € 24,80

DAS ULTIMATIVE BUCH ZUR VOLKSKRANKHEIT UNSERER ZEIT!

Chronische Müdigkeit, Konzentrationsschwäche, Schlaflosigkeit, Gewichtszunahme, Haarausfall, Verstopfung, Stimmungsschwankungen, Allergien oder erhöhter Blutdruck – die Bandbreite an Beschwerden, die auf eine fehlgesteuerte Schilddrüse zurückzuführen sind, scheint endlos zu sein.

Dr. Emily Lipinski kämpfte selbst jahrelang mit Symptomen, an denen Millionen von Menschen leiden. Als bei ihr Hashimoto diagnostiziert wurde und ihre Beschwerden trotz Medikamente nicht in den Griff zu bekommen waren, entwickelte die Medizinerin ihren eigenen Heilungsplan. In ihrem ganzheitlichen Ansatz verknüpft sie traditionelle Therapien mit moderner Medizin. Der Schlüssel ihres Erfolgs ist ihre Schilddrüsen-Heildiät, Entgiftung und ein gesunder Darm. Dieses Buch zur Selbsthilfe bietet solide Expertise sowie eine Fülle an Informationen.

Mickey Trescott

DAS NÄHRSTOFFDICHTE AUTOIMMUN-KOCHBUCH

125 HEILENDE PALEO-REZEPTE BEI HASHIMOTO, M. CROHN, RHEUMA UND WEITEREN AUTOIMMUN-ERKRANKUNGEN

368 Seiten, geb., € 29,00

EILENDE PALEO-REZEPTE bei HASHIMOTO, M. CROHN, RHEUMA und WEITEREN AUTOIMMUN-ERKRANKUNGEN

Das Autoimmun-Protokoll (AIP) hat bereits Tausenden Menschen mit chronischen Erkrankungen zu einem besseren Leben verholfen. Mickey Trescott, Ernährungsberaterin und Bestseller-Autorin von Das Autoimmun-Paleo-Kochbuch, ist eine der führenden Stimmen der AIP-Bewegung, seit sie sich selbst von Zöliakie und Hashimoto heilen konnte. Mit Das nährstoffdichte Autoimmun-Kochbuch entwickelt Trescott den Paleo-Ansatz entscheidend weiter. Sie zeigt auf, dass es bei einem Heilungsprozess nicht nur um die Vermeidung bestimmter Lebensmittel geht, sondern vorrangig um die Nährstoffdichte.

125 leckere, einfach zuzubereitende Rezepte, gegliedert nach den unterschiedlichen Stufen des Autoimmun-Protokolls

Rezepte nach speziellen Bedürfnissen wie Low-Carb oder Keto Diät.

Mickey Trescott

DAS AUTOIMMUN-PALEO-KOCHBUCH

DAS ERFOLGREICHE PROTOKOLL BEI ALLERGIEN, HASHIMOTO, ZÖLIAKIE UND WEITEREN CHRONISCHEN KRANKHEITEN

320 Seiten, geb., € 29,00

Autoimmunerkrankungen wie Diabetes, Allergien, Multiple Sklerose oder Zöliakie beherrschen den Alltag vieler Menschen, während die heutige Medizin den Betroffenen oft keinen wirksamen Ausweg bietet. Das Autoimmunprotokoll wurde speziell für diese Krankheiten entwickelt. Es entfernt mögliche Auslöser in der Ernährung und schafft einen gesunden Darm – die Voraussetzung für eine Heilung von innen. Mickey Trescotts Buch ist der perfekte Begleiter für den Einstieg. Die Ernährungsberaterin und erfolgreiche Bloggerin hat sich selbst mithilfe dieser speziellen Paleo-Diät von Zöliakie, Hashimoto-Thyreoiditis und chronischer Erschöpfung geheilt.

In ihrem Werk gibt sie einen Einblick in die Wirkungsweise des Autoimmunprotokolls sowie wertvolle Tipps, wie man Küche und Vorratsschrank von allen potenziell schädlichen Lebensmitteln befreien kann. Auch stellt sie Wochenpläne und Einkaufslisten bereit, um den Umstieg so einfach wie möglich zu gestalten.

Das Herzstück des Autoimmun-Paleo-Kochbuchs bilden 112 köstliche Rezepte.